# AUGUSTE BURDEAU

AUGUSTE BURDEAU
Député du Rhône,
Président de la Chambre des Députés

# AUGUSTE BURDEAU



A. STORCK, IMPRIMEUR-ÉDITEUR

*Ce petit livre n'a d'autre but que de conserver le souvenir de celui qui, de son plus jeune âge à sa dernière heure, n'a cessé de donner l'exemple des plus hautes et des plus mâles vertus.*

*Mieux que quiconque, ceux qui ont été de son intimité peuvent dire avec quelle intransigeance d'honneur Burdeau marchait dans la vie, visant haut, car il avait conscience d'une valeur, que, tout entière, il a mise au service du pays. M. Gasquet était bien placé pour remplir le pieux devoir de faire connaître les détails de cette belle et trop courte existence.*

*A sa remarquable biographie nous avons joint les documents qui montrent Burdeau soldat héroïque, professeur éminent, moraliste inoubliable.*

*Sa vie politique est du domaine de l'histoire. Elle mérite mieux que la courte mention que nous pouvions lui donner ici. Mais elle se clôt en pleine gloire par cette unanimité des regrets les plus sincères, des hommages les plus éclatants exprimés à ses funérailles par ceux — les premiers du pays — qui l'avaient vu à l'œuvre et jugé. Ce tribut à sa mémoire en résume toute la grandeur.*

*A. S.*

# BIOGRAPHIE D'AUGUSTE BURDEAU

PAR A GASQUET

Recteur de l'Académie de Nancy

# AUGUSTE BURDEAU

## 1851-1894

---

Les funérailles nationales faites à Auguste Burdeau, le saisissant contraste entre l'humilité de ses débuts et l'éclat des fonctions où la mort l'a frappé, les regrets qui accueillirent la nouvelle de sa fin prématurée, ont rendu familières à beaucoup les principales étapes de cette carrière trop tôt terminée. Sur son cercueil, enveloppé du drapeau tricolore, le président du conseil, les représentants des deux assemblées, le directeur de cette Ecole normale, qu'il honora comme professeur, comme écrivain et comme politique, ont prononcé de graves et belles paroles, qui n'étaient que l'écho du deuil du pays. Qu'il me soit permis, comme à l'un de ses plus anciens amis, son camarade de collège, et son camarade d'Ecole normale, de reprendre les principaux traits de cette histoire, qui est celle d'un héros du devoir et du sacrifice, en m'aidant de documents et de souvenirs personnels.

Je dirai en peu de mots son enfance. Au pays où il est né, elle commence déjà à tourner en légende. Il naquit à Lyon, en septembre 1851, cinquième enfant d'une famille très pauvre, que la mort du père, survenue avant la naissance d'Auguste Burdeau, jeta dans la gêne la plus étroite. Sa mère, une admirable femme du peuple, économe et courageuse à la peine, éleva cette famille du seul travail de ses mains. Je l'ai vue, à plus de quatre-vingts ans, très simple dans sa mise paysanne, active et remuante et nullement étonnée des hautes destinées d'un fils, auquel elle a l'inconsolable chagrin de survivre. Les enfants étaient tous intelligents et laborieux; ils aidaient la mère et contribuaient à gagner l'argent de la maison. A dix ans, Auguste Burdeau commençait son apprentissage de tisseur de soie. Il suivait en même temps, comme il pouvait, les cours de l'école primaire. Son ardeur à l'étude, ses étonnants progrès intéressèrent de nombreuses personnes à l'enfant. Il obtint au concours une bourse d'externe, puis d'interne au lycée de Lyon. Ses études furent rapides. A dix-sept ans, il obtenait le second prix de philosophie au concours général des départements. Le collège de Sainte-Barbe voulut s'attacher cet élève de marque. Il dut y mettre le prix. Burdeau qui n'avait accepté le lycée qu'à condition de pouvoir aider sa mère, en donnant quelques leçons, n'accepta la pension parisienne qu'à condition qu'elle serait désintéressée du profit qu'elle allait perdre par son départ. Sainte-Barbe n'eut pas à se repentir du marché.

# I

A la rentrée du mois d'octobre 1869, dans cette maison de Baldé, annexe de Sainte-Barbe aujourd'hui détruite, qu'ont habitée tant de générations de futurs normaliens, je remarquai devant moi le nouveau venu, un jeune homme au teint pâle, au profil fin et ferme. Il travaillait avec une contention d'esprit extraordinaire. Durant les longues heures de l'étude il ne levait pas les yeux de son pupitre; il semblait que le monde extérieur n'existait pas pour lui. Nous suivions tous deux le cours de philosophie de Louis-le-Grand; tous deux nous devions, à la fin de l'année, nous présenter à l'Ecole normale. Nous fîmes bientôt connaissance et cette connaissance se transforma vite en une amitié que la mort seule a pu dénouer.

Malgré son extrême réserve, il ne tarda pas à me faire peu à peu confidence de sa situation. Je compris alors son acharnement au travail et aussi, par moments, la tristesse de son regard; il sentait peser sur lui la dette contractée envers la maison qui l'avait reçu et, avec sa conscience accoutumée, il ne se croyait pas le droit de distraire pour son amusement une seule des minutes qu'il y passait.

Notre classe de philosophie, composée d'une centaine de jeunes gens, passait alors pour la première de Paris. Sur cet auditoire, le professeur, M. Charles, exerçait une autorité, un ascendant que justifiaient le caractère élevé de son enseignement et sa conscience professionnelle. Nous le trouvions au commencement sévère et dur. J'ai vu Burdeau très malheureux de ne point parvenir à le satisfaire. Il faut croire pourtant que la méthode était bonne; car il obtenait de nous un travail et des efforts surprenants. Une parole d'encouragement de sa bouche, un éloge nous comblaient d'aise et de contentement. Burdeau eut bientôt fait de prendre la tête de cette classe, d'où sont sortis des hommes de valeur, G. Cavaignac, Dareste de la Chavanne, Léon Morel, Dubois de l'Estang, F. Brunetière, ce dernier vétéran irrégulier, élève intermittent, qui travaillait à côté. La philosophie de Louis-le-Grand avait l'habitude depuis plusieurs années de fournir le prix d'honneur du concours général. De l'aveu de tous ses camarades, Burdeau était à l'avance désigné pour être le lauréat de 1870. On sait qu'il justifia ces prévisions.

Dès cette époque son caractère était arrêté dans ses lignes principales, et depuis a peu varié. Il avait une conception de la vie très simple et très droite, impliquant un système d'obligations rigoureuses, qu'il n'est permis ni d'éluder, ni de discuter. Sa réflexion, fortifiée par une expérience précoce, lui faisait envisager l'existence comme une chose très sérieuse, où le plaisir est l'exception, où la joie doit surtout être cherchée dans les satisfactions de la conscience ; philosophie un peu triste, toute stoïcienne, mais qui n'est à la portée que des grandes âmes. Dans ce milieu très vivant de Sainte-Barbe, mais volontiers sceptique et frivole, très ventilé par tous les souffles de Paris, ceux de la politique et ceux du boulevard, il tranchait comme une exception, par la sécurité de ses convictions, la fermeté de son caractère, l'autorité d'une parole qui déjà tombait de haut. Jamais il ne s'est permis une plaisanterie, même innocente et légère, sur les sujets qu'il regardait comme un domaine réservé et sacré : la patrie, la famille, le respect de soi-même, l'honneur. Il n'aimait pas qu'on en plaisantât devant lui, et souvent je l'ai entendu relever vertement des réflexions ou des ironies qu'il jugeait déplacées. Avec cela et dans ses heures de liberté, très bon enfant, de joyeuse et facile humeur, dépensant ses réserves de jeunesse en folles échappées de gaieté, en des accès de verve étourdissante; du reste peu raffiné, dans le meilleur sens du mot, et resté peuple, c'est-à-dire, simple, par la qualité de sa gaieté. Cette veine de belle humeur sans prétention, il la garda presque jusqu'à la fin de sa vie; même au milieu des soucis les plus absorbants, il la retrouvait dans la compagnie des vieux amis de sa jeunesse. Curieux mélange de gravité précoce et d'enjouement familier!

Il avait des sympathies et des antipathies très marquées. Il allait de lui-même aux âmes loyales et franches; aux cœurs capables de dévouement et faciles à s'oublier; il goûtait la bonté des humbles; au contraire il manifestait une aversion instinctive pour tout ce qui sentait l'affectation et le dilettantisme d'esprit, qu'il regardait comme une des formes de l'égoïsme. Bien qu'il eût un sens très juste du beau et qu'il fût séduit par le talent, il se défiait des natures trop complexes, ondoyantes et flexibles. Mais à tous, à ceux qui l'aimaient comme aux autres, il inspirait un sentiment très rare à notre âge, le respect.

Au physique, assez petit de taille, il donnait dès l'abord l'impression d'une solidité et d'une assurance toutes viriles. La tête fine, couronnée d'une épaisse forêt de cheveux noirs, était plantée sur des épaules épaisses et robustes; le regard direct, le pas décidé, des mains d'ouvriers adroites et industrieuses. Sa vigueur était peu commune; d'une résistance et d'une endurance à toute épreuve, d'une souplesse de gymnaste, il excellait dans les exercices du corps. Il eut lontemps la faculté de dormir à volonté, quand il le pouvait et où il se trouvait, et de se réveiller à l'heure exacte qu'il s'était marquée. Cette rare vigueur lui a permis de se livrer longtemps et impunément à d'incroyables excès de travail. Pendant quinze ans, il s'est rarement couché avant une heure ou deux heures du matin et il était toujours debout à six heures. Il a fréquemment passé plusieurs nuits de suite, courbé sur sa table, sans bouger que pour chercher un document dans sa bibliothèque. On sait le tour de force qu'il fit une fois de rédiger en dix jours et presque autant de nuits le rapport général du budget. Et le fait n'est point isolé ni l'exemple unique. Après une année d'un labeur qui semblait excéder les forces humaines, il donnait au corps anémié sa revanche. Il parcourait seul et sac au dos la Suisse et le Tyrol; ou fixé au bord de la mer dans l'habitation la plus modeste, il menait pendant cinq ou six semaines l'existence d'un marin, parfois monté sur une barque de pêche, parfois aussi s'engourdissant une journée entière dans la tiédeur des sables. Encore quatre années avant sa mort, en résidence à Evian, où la santé de sa femme l'amena plusieurs fois, il s'exerçait à traverser le lac en canot jusqu'à Ouchy et à revenir dans la même matinée. Mais la nature, qui l'avait si généreusement doté, lui avait donné une sensibilité aussi vive qu'elle était concentrée, et qu'il dissimulait sous une apparente brusquerie. Ses épanchements étaient rares; quand il s'y abandonnait, surtout quand il voulait soulager et consoler les peines d'autrui, cette sensibilité s'accusait riche des nuances les plus délicates et les plus exquises; on découvrait un cœur capable de beaucoup aimer et d'infiniment souffrir. Ce fut là le point faible, par où ce tempérament si bien trempé fut accessible à la maladie et à la mort.

Ceux qui ont été témoins de l'activité et de la fécondité intellectuelle de Burdeau apprendront avec étonnement que peu d'hommes ont eu au début le travail plus difficile et plus ingrat. Au collège, malgré l'application la plus soutenue, il ne réussissait qu'au prix d'un labeur excessif à faire tenir debout une phrase de français ; ses pages étaient noires de ratures et couvertes de surcharges ; le travail de rédaction et de composition lui laissait du dégoût et de l'écœurement. Nul doute qu'il ne fût dès lors plus difficile que d'autres à satisfaire et que sa loyauté opiniâtre ne s'exerçât plus âprement à égaler l'expression à la pensée. Quant aux gentillesses et aux laborieuses souplesses du vers latin, il s'y trouva toujours incapable. Il admirait et enviait même notre facilité qui n'était que du métier; mais pour lui il n'obtint jamais que les résultats les plus médiocres et l'on comprend qu'il ait gardé rancune à cet exercice scolaire.

En raison de ces faiblesses et malgré son évidente supériorité sur nous, les épreuves de l'entrée à l'Ecole normale devenaient pour lui particulièrement périlleuses. Il s'attendait à un échec et il ne l'eût pas évité, sans un de ces coups de volonté victorieux qu'il renouvela à tous les moments décisifs de sa carrière. A la première épreuve de l'oral, qui pour lui fut le latin, le professeur, M. G. Boissier (qui peut-être a oublié ce détail) fut frappé de l'autorité avec laquelle le candidat interprétait son texte et de la sûreté de ses connaissances : « Monsieur, lui dit-il, il est probable que vous ne serez pas reçu; je vous ai donné un zéro de vers latin; mais je suis si satisfait de votre explication que pour vous laisser vos chances, je change votre zéro en un demi. » Ce compliment flatteur eût déconcerté tout autre candidat. Au premier moment Burdeau fut atterré; mais il se remit aussitôt et passa toutes ses épreuves avec une telle supériorité, une telle maîtrise de lui-même, qu'il fut reçu avec le numéro douze.

Ceci se passait au commencement d'août 1870. Le lendemain de la publication de la liste d'admission, Paris en rumeur apprenait la défaite de Reichshoffen. La distribution des prix du concours général, fixée pour ce jour, fut indéfiniment remise. Tous les cœurs étaient au deuil de la France.

## II

Dispensé du service militaire par son âge, par son prix d'honneur et par son titre de normalien, Burdeau n'était pas d'humeur à se prévaloir de ces prétextes, pour se dérober à ce qu'il considérait comme la première des obligations d'un Français. D'autres que lui, et aussi jeunes, ont fait bravement leur devoir pendant la guerre ; peu l'ont fait plus complètement et avec plus d'éclat. Ses deux frères avaient déjà rejoint l'armée ; il se résolut à les imiter.

Une première fois son engagement est refusé par l'autorité militaire ; il le renouvelle, en octobre, avec plus de succès. Versé au dépôt de Grenoble, il est dirigé de là sur Besançon et incorporé au 21e bataillon de chasseurs. Nommé sergent-major, il se bat à Arcey, à Villersexel et pendant les trois journées d'Héricourt, en vue de ce Belfort « que l'armée avait cru toucher et dont les obus un moment s'étaient en pleines lignes prussiennes rencontrés avec les nôtres ». Arrêtés devant cet obstacle et tournés par une seconde armée ennemie, nos soldats durent commencer à travers la neige, par le froid le plus rigoureux, privés de tout, cette lamentable retraite qui rejeta en Suisse les débris de nos régiments dispersés. Dès le premier jour, Burdeau fut laissé à l'arrière-garde avec cent vingt hommes, sans ordres, dans le petit village de Sainte-Marie. Comprenant que le moment du sacrifice suprême était venue et que de la durée de sa résistance allait dépendre le sort de plusieurs milliers d'hommes, il réveille par ses paroles énergiques l'ardeur de ses soldats démoralisés par la fatigue et la défaite et il fait passer dans leur âme le feu qui brûle la sienne. Avec des charrettes et des poutres on barricade les accès de la grande route qui traverse le village. Assaillie par un bataillon entier de landwehr, appuyé de pièces de canon, cette poignée d'hommes prolonge pendant quatre heures la lutte qui se termine par un corps à corps. Plus de la moitié de nos soldats est tuée, le reste blessé ou pris. Burdeau, atteint d'une balle à la jambe gauche, reçoit au front un coup de crosse qui l'assomme à demi. Conduit au milieu des huées et des insultes des populations qu'il traverse jusqu'au camp de Lechfeld, en Bavière, les Allemands lui confient le commandement d'un des baraquements où sont internés les prisonniers. Des turcos, des zouaves, des soldats de toutes armes, gâtés par l'oisiveté, affolés par les nouvelles qui circulent dans le camp, vivent là dans le désordre et la rébellion. Quand l'enfant qu'était encore Burdeau y pénétra, il fut d'abord accueilli par une risée qui faillit tourner à l'émeute. Mais lui, sans perdre son sang-froid, se jette à la gorge du premier qui l'approche, le terrasse et le maintient sous son genou, sans que pas un des spectateurs ose intervenir, tous tenus en respect par ce coup de force et gagnés par l'autorité de ce jeune chef A ces hommes devenus bientôt ses amis, il apprend l'ordre, la propreté, la discipline et ramène parmi eux l'entrain et la gaieté. Pour lui, à peine remis de ses fatigues, il ne songe qu'à s'évader. Les bruits les plus sinistres traversent le camp. « On parle de Paris brûlé de fond en comble, et d'une indemnité de cinq milliards qu'il faudra payer avant toute libération. Cinq milliards, est-ce que cela se paie? Les Allemands ne veulent pas que la guerre finisse (1). » Sous le coup de ces préoccupations, Burdeau s'échappe du camp, avec quelles précautions, au milieu de quels périls ! Il est reconnu et pris à Lin-

(1) A. Burdeau : *Une évasion*. Feuilleton du *Globe*, du 2 mai au 3 juin 1881.

dau, sur les bords du lac de Constance, en vue de la terre autrichienne et de la terre suisse. Ramené au camp, puni de la prison, il concerte une nouvelle évasion avec trois de ses compagnons. Il a raconté lui-même cet épisode de sa captivité. Avec des ruses de sauvages ils parviennent à franchir la triple ligne des sentinelles allemandes ; en quatre jours et cinq nuits, se cachant dans les fossés ou sous l'abri du bois, ils atteignent Seehausen, l'extrême frontière du côté du Tyrol. Mais là, au seuil de la liberté, un des fugitifs exténué par les privations, surexcité par les tortures de la faim, se précipite, sans que ses camarades puissent le retenir, dans une auberge pleine de buveurs. Il demande à manger et à boire. Les prisonniers sont reconnus, cernés, enchaînés malgré leurs révoltes. Les compagnons de Burdeau sont condamnés à six mois de forteresse ; lui-même à treize mois, en raison de son grade. Enfermé dans la prison provisoire de Lechfeld, il s'en échappe dès le lendemain, en passant par une fenêtre à volets de bois plein, dont il a coupé les traverses de chêne. Il demeure plusieurs jours dans la plaine, caché au fond des puits à sec, rongeant pour toute nourriture quelques betteraves arrachées dans les champs. « La nuit, raconte-t-il, j'attendais six ou huit heures de suite, aplati contre le talus de la voie ferrée, si quelque train ne passerait pas, chargé de Français. Vers la fin seulement de la troisième nuit, avec une joie incroyable, avec des soubresauts d'espérance et des tremblements d'inquiétude, j'entendis par-dessus le roulement des voitures sur les rails, ces cris, ces éclats de rire clairs et pleins, inimitables aux Allemands, qui pour moi sonnaient la délivrance. Le train s'arrêtait. En moins de rien, malgré une sentinelle que j'étourdis de trois ou quatre mots allemands lancés en plein visage, je me blottis dans un wagon, parmi des artilleurs, accueilli, compris, caché sous les bancs avec des soins minutieux de tous ces hommes, sans avoir besoin d'une seule parole. » Il y resta cent heures et ne se releva qu'à Strasbourg. Dirigé de Vesoul sur Lyon, il s'empresse à la maison, il arrive. « Les portes sont ouvertes ; on est à table : ma mère, ma sœur, mon frère aîné étendu dans un fauteuil, pâle encore d'une blessure à la poitrine. Tous se lèvent, ils ont l'air épouvanté. Puis un cri de joie, de joie maternelle, de joie folle : « C'est toi — Oui !... j'ai bien faim ! » On conviendra qu'elle était chèrement gagnée, cette croix de la Légion d'honneur, que le ministre de l'instruction publique vint, dans la séance du 27 décembre 1871, attacher à la poitrine de Burdeau, au milieu des vivats et des larmes d'émotion qui coulaient de nos yeux.

## III

Aux angoisses et aux deuils de la guerre, succédèrent pour Burdeau, pendant son séjour à l'Ecole normale, trois années de recueillement et de travail fortifiants. Elles lui furent douces et il aimait à en rappeler le souvenir, comme des meilleures qu'il eût vécues. Notre cour de récréation ressemblait à un bivouac. Les élèves qui avaient servi, et ils étaient nombreux, achevaient d'user les uniformes variés et les capotes d'ordonnance qu'ils avaient portés dans le rang. La discipline était légère et à peine sensible. Le directeur, M. Bersot, agissait sur nous par les conseils de ferme sagesse que lui suggérait sa bonté éclairée par l'intelligence la plus bienveillante. Il est peu d'entre nous qui ne lui aient gardé une reconnaissance personnelle. Il avait pour ses élèves des attentions et des prévenances presque

AUGUSTE BURDEAU
A son entrée à l'École normale

paternelles. Il envoya Burdeau, tombé malade à la suite d'un accident (il avait failli être empoisonné par le cuivre de sa timbale), dans la famille du principal, à Dieppe, pour y prendre pendant un mois les bains de mer. « Il est tout naturel, nous disait-il, que j'aie pour vous quelque préférence ; nous sommes de la même promotion. » Cependant on travailla beaucoup, à l'Ecole, pendant les années qui suivirent la guerre, par goût d'abord et aussi par un sentiment très vif de patriotisme. Il nous semblait que nous devions tous nos efforts au relèvement de la France humiliée et malheureuse. Burdeau que nous appelions familièrement « le général » n'était pas étranger à cet entraînement. Il travaillait pour sa part plus que personne. Il apprit à fond l'anglais et l'allemand, de manière à lire couramment les philosophes des deux pays. En deuxième année, il écrivit pour la *Revue des Deux-Mondes* un article remarqué sur Berkeley. Il possédait le latin et le grec comme les meilleurs humanistes, assez pour n'être embarrassé par aucune difficulté de texte et pour suggérer parfois des variantes heureuses et topiques. Sa curiosité infatigable l'intéressait à toutes les manifestations de la pensée. Après une leçon qui l'avait frappé, il avait une façon de nous serrer la main et de nous féliciter, qui nous faisait autant de plaisir qu'un éloge de nos maîtres. Ses épreuves d'agrégation furent triomphantes; il obtint, nous a-t-on assuré, la note maxima dans toutes les compositions. De cette époque datent ses relations d'estime et d'affection avec le président du jury, M. Ravaisson.

Burdeau garda, jusqu'à la fin de sa vie, à l'Ecole normale une reconnaissance profonde du bien qu'elle lui avait fait. Il avait pour Bersot un culte respectueux, pour ses anciens maîtres une déférence qui ne se démentit jamais; ses camarades le trouvèrent toujours empressé à les obliger, ouvert et cordial. Lorsqu'il fut nommé ministre de la marine, rien ne le toucha comme la fête qui lui fut offerte par les normaliens et qu'il leur rendit dans les salons du ministère. Mais peut-être fut-il plus sensible encore à la démarche que firent auprès de lui, après les premières attaques dont il fut l'objet, plusieurs de ses camarades de promotion, pour lui attester que pas un d'eux n'avait jamais douté de lui.

Le jeune agrégé fut envoyé sur sa demande au lycée de Saint-Etienne. Il s'y installa avec l'intention d'y demeurer longtemps et il y resta cinq années Il prit à bail un appartement complet qu'il habita avec sa mère et un petit neveu, et qu'il partagea avec son vieil ami, Guiraud, nommé en même temps que lui à la chaire d'histoire du Lycée. Il s'y trouvait heureux et jouissait pleinement de ces premières douceurs de l'indépendance, quand une série de catastrophes s'abattirent sur lui, et par la façon dont il envisagea ses devoirs, faillirent compromettre gravement son avenir. Il commença dès la première année par prendre à son compte une partie des dettes d'un parent, commerçant à Lyon, dont les affaires avaient périclité. Survint ensuite la faillite de son frère aîné, engagé dans une grosse entreprise parisienne. Lui-même n'était pour rien ni dans l'entreprise, ni dans la catastrophe ; personne n'aurait eu l'idée de rien demander à sa médiocrité, et tout autre que lui eût reculé devant l'énormité du gouffre à combler. Il n'hésita pas une seconde. Il estimait que la solidarité du nom et de la famille impliquait nécessairement la solidarité de la dette. Il m'écrivait, à l'occasion de cette infortune, des lettres qui lui font trop d'honneur pour que le caractère confidentiel n'en cesse pas avec la mort : « Puisque tu « sais nos malheurs, il faut que tu saches aussi

« notre conduite. Une fois la ruine de la mai
« son, dont mon frère était l'un des proprié
« taires, consommée, l'autre associé s'est retiré ;
« la faillite étant déclarée, il a jugé sa tâche
« finie. Tel n'a pas été l'avis de mon frère, ni le
« mien. Déjà pour éviter, ou du moins retarder
« la chute, l'un et l'autre nous avions contracté
« des emprunts et pris des engagements pour
« autant d'argent qu'il était possible d'en
« trouver. Depuis, mon frère s'est occupé à
« négocier pour obtenir des créanciers les condi-
« tions et les délais les plus favorables. Notre
« résolution arrêtée est de payer jusqu'au der-
« nier sou : nous y passerons le temps qu'il
« faudra, mais notre nom sera réhabilité, à
« moins que nous ne mourions l'un et l'autre
« trop tôt.

« Pour ma part, j'ai déjà en sept mois payé
« trois mille francs. J'ai donné des leçons ; j'ai
« fait ce que j'ai pu pour gagner de l'argent.
« J'ai retranché de mes dépenses tout ce qui
« n'est pas le strict nécessaire. Je ne voyage
« pas ; je porte de vieux habits, je ne vais pas
« au café. Je compte ainsi arriver à payer
« pour ma part quatre ou cinq mille francs par
« an ; mon frère autant peut-être ; à ce compte,
« en douze ou quinze ans, nous pourrons

« venir à bout de notre entreprise. Je te dis « cela, pour que tu n'ailles pas croire que je me « contente de me lamenter sur l'événement. « Nous le réparerons.

« Tu comprends maintenant la raison pour « laquelle je ne t'ai pas écrit. La honte rend « taciturne. De plus, tu ne sais peut-être pas « très bien ce qu'est une vie comme celle que « j'ai menée, depuis octobre dernier; des « humiliations, du papier timbré, des voyages, « des supplications pour obtenir de l'argent, « ceux sur qui l'on comptait disparaissant. Et « tout au travers, trente heures de classes et « de leçons par semaine, des efforts opiniâtres « pour travailler et faire un triste ouvrage, « je le crains, et s'en douter...

« Je me doute bien de ce que doivent penser « de moi ceux que j'ai connus et qui ne m'ai- « ment pas. Mais ce souci fait partie intégrante « de mon lot d'aujourd'hui. Je me tais et je « souhaite seulement qu'on se taise sur moi. « Sache que je n'ai plus osé écrire ni à Bersot, « ni à Lachelier, ni à Ravaisson. Je n'ai fait « que des lettres d'affaires, depuis longtemps. « Je ne parle plus, n'ayant guère qu'un désir, « qu'on pense à moi le moins possible. Quand « je dis *on*, je parle des étrangers. Je ferai

« toujours exception pour un petit nombre « d'amis (1). »

Je plaindrais ceux qui trouveraient naïve cette honte, imprudente et puérile cette acceptation héroïque, faite si simplement, d'une responsabilité qu'il n'avait rien fait pour encourir. La valeur d'une conscience s'estime à l'étendue des obligations qu'elle s'impose. C'est alors que Burdeau accepte vaillamment toutes les besognes mercenaires. Il multiplie les leçons, il se met aux gages des libraires. Il entreprend ses traductions des œuvres d'Herbert Spencer, de Schopenhauer, celle de l'*Alternative* de Clay, et il les traduit en penseur et en maître. Plus tard, il révisera les publications classiques d'un éditeur parisien. Il publiera, à l'usage des écoles primaires, des manuels de morale et d'éducation civique, qui sont de petits chefs-d'œuvre de simplicité et d'élévation. Pour se reposer de ce labeur opiniâtre et ne pas laisser s'engourdir sa pensée, il contribuera par des articles de haute science à la *Revue Philosophique*. Il ébauchera des thèses sur le hasard et sur la théorie du nombre.

Parfois cependant la lassitude d'un tel effort

(1) 15 juin 1877.

s'empare de lui et il est pris de découragement : « Je passe mon temps dans des tracas perpé- « tuels, écrit-il. Je suis comme un homme qui « se serait marié imprudemment, avec cette « consolation, qui est beaucoup toutefois, que « je n'ai pas à m'accuser. J'ai beau me débattre, « il n'y a que peu de ressources ici, je m'enfonce « tous les jours. Je te souhaite d'ignorer tou- « jours ces ennuis ; ils sont plus amers que tu ne « penses. J'en conçois parfois un chagrin noir « et, en me voyant réduit à cette impuissance, je « me sens tout aplati. » Il est seul alors ; sa mère l'a quitté pour aller habiter avec la jeune veuve d'un de ses frères, arrivée du Chili sans ressources avec un tout jeune enfant. Il faut suffire à deux ménages. Il n'a plus le précieux réconfort de l'amitié de Guiraud qui a reçu son changement pour Carcassonne. « Je sup- « porte beaucoup plus difficilement que tu ne « peux le croire la perte de Guiraud. Notre « vie à tous deux était si bien arrangée ; il « m'était devenu nécessaire ; nous espérions « rester ensemble jusqu'à qu'il eût fait ses « thèses, et d'ici là beaucoup d'eau aurait passé « sous les ponts. Nous causions ensemble ; nous « passions tous nos moments libres ensemble ; « il nous était impossible de connaître l'ennui.

« Il me tenait lieu d'une foule de choses. Enfin « n'en parlons plus, c'est fini. » Pourtant il y revenait; cette brusque séparation lui tenait au cœur. « Pendant ma dernière maladie, Guiraud « m'a soigné comme une vraie garde-malade. « Lorsque je l'entendais marcher sur la pointe « des pieds, j'étais toujours étonné de ne lui « pas voir la cornette de sœur. »

Mais ces moments de dépression étaient rares; il se raidissait contre la mauvaise fortune avec la fierté du devoir accompli et de la conscience satisfaite. « Cette année-ci est la « plus fatigante que j'ai subie; je donne des « leçons au delà de ce que tu peux imaginer. « D'ailleurs bonne santé, de la gaieté, et, dans « mes loisirs, encore de l'entrain pour mes tra- « vaux personnels. Joins à cela certain petit « contentement de suffire à ma charge et « d'éteindre, quoique lentement, ma dette; mon « neveu, le tout petit qui me couvre de caresses « et que j'adore, et tu ne me plaindras pas « trop (1). » Enfin sa persistance a vaincu le sort. De ce gouffre où il a pensé s'engloutir, il aperçoit, comme une lueur d'espérance, la libération prochaine : « Encore un an de travaux

(1) 4 juin 1869.

« forcés, s'écrie-t-il, et je sortirai des galères ! « Mais cette année-là, il me la faut. Je devrais « y gâter le peu que j'ai d'espérances littéraires, « que je n'aurais pas à reculer et que je ne « reculerais pas. Mais j'avoue que je ne vois « pas les choses tout en noir. Je sortirai de là « avec un peu de rouille à la surface, mais « non pas affaibli au fond. Si je me flatte, eh « bien ! ma foi, cette illusion vaut mieux pour « me soutenir dans un moment difficile qu'une « vérité décourageante. »

Quand il écrivait cette lettre, il avait cessé d'habiter Saint-Etienne. Le souci de son avancement universitaire ne lui avait pas permis d'y prolonger plus longtemps son séjour. Après un passage de quelques mois à Nancy, il avait été appelé à Paris ; il occupait une des chaires de philosophie de Louis-le-Grand et chacun l'y trouvait à sa place. Il apportait dans ses fonctions la même conscience que dans tous les actes de sa vie. Pénétré de la tâche d'éducateur, dévolue spécialement au professeur de philosophie, son enseignement tout en s'élevant très haut n'en restait pas moins pratique. Il agissait sur les âmes en ouvrant les intelligences ; il les gagnait en se donnant. Un de ses élèves, devenu un écrivain de grand mérite, lui a rendu ce témoignage, qui l'eût particulièrement touché (1) : « J'ose dire, sans crainte d'être démenti par personne, qu'il excitait en nous un véritable enthousiasme. Le scepticisme scolaire, l'inepte ironie des écoliers les plus déterminés à la paresse, cédaient devant la beauté de ses fortes et vivantes leçons. Nous entrions dans cette petite salle de la division C avec une sorte d'allégresse... Eloquent, façonné par une vigoureuse discipline au maniement des idées générales, nourri de faits, robuste et souple, naturellement porté au ton soutenu et grave, mais capable de trouvailles spirituelles, de fantaisie et d'humour, Burdeau avait une façon d'enseigner tout à fait virile, dégagée des petites recettes et des menus procédés de la pédagogie. Nul ne pouvait échapper à l'autorité de son savoir, à l'ascendant de son mérite personnel... Je n'ai jamais vu un plus parfait équilibre de qualités qui semblent s'exclure, un mélange si singulier de réflexion et de fougue. Sa parole élégante et précise donnait aux théories les plus abstraites un charme littéraire qui séduisait les auditeurs les plus revêches. Je me rappelle un exposé de l'hypo-

(1) G. Deschamps. Le *Temps* : numéro du 16 décembre 1894

thèse de Laplace, qui nous émerveilla par une magnificence austère, toute proche de la grande poésie. Nul n'a mieux compris que lui la doctrine de Kant sur le devoir. Il ne séparait pas la perfection intellectuelle de la perfection morale. Songeant à l'égalité d'âme avec laquelle il a souffert les pires épreuves, je me suis rappelé cette maxime qu'il aimait à redire : l'abnégation est le plaisir des forts. »

Bien que Burdeau se fît un point d'honneur de donner à ses élèves le meilleur de lui-même, sa tâche professionnelle était loin de suffire à une activité si puissamment entraînée. Il était né pour l'action et il en avait le sentiment. Dès les premiers jours de son arrivée à Paris, il se mit en relations avec un groupe de jeunes professeurs, qui venaient de fonder une « Société d'études » pour la revision dans un sens libéral des programmes de l'enseignement secondaire et la préparation d'une plateforme électorale à l'usage des universitaires disposés à poser leur candidature au Conseil supérieur de l'Instruction publique réorganisé. Avec son sens très pratique des réalités, Burdeau comprit qu'il fallait ouvrir une tribune libre aux opinions, pour rendre les élections possibles, et il fonda le *Bulletin de correspondance univer-*

*sitaire*, qui fit au scrutin passer la majorité de ses candidats. Il commençait en même temps, autant par goût que par entraînement, à fréquenter le monde politique et à s'y faire apprécier, malgré sa modestie très réelle. Sur cette question fort controversée de la participation des universitaires à la politique, il professait des opinions très nettes. Patriote avant tout, il pensait que tout citoyen, qu'il porte toge, simarre ou blouse, doit à la patrie son dévouement tout entier, qu'il n'a fait que la moitié de son devoir quand il s'est acquitté strictement de ses obligations professionnelles, et que, dans les temps troublés ou douteux, il faut qu'il sache prendre parti, pour ne pas laisser la politique devenir le domaine des politiciens qui en vivent. Conformant sa conduite à ses principes, au moment du Seize-Mai, il s'était bravement jeté dans la lutte, et avait prêté, malgré les risques à encourir, aux journaux républicains sa plume, aux comités et aux réunions la décision de sa parole.

A Paris, Gambetta, qui recherchait les jeunes gens de talent et de caractère, distingua bien vite Burdeau. Il n'eut pas la peine de le séduire. Burdeau lui était acquis d'avance par une admiration fervente qui datait de la guerre. Entre ce jeune homme et le chef du parti républicain, il y avait parenté d'âme. Que Gambetta ait pressenti la valeur exceptionnelle de Burdeau, il n'y a pas lieu de s'en étonner; mais ce qui prouve sa merveilleuse perspicacité, c'est qu'il fut le premier à révéler à Burdeau lui-même ses aptitudes financières et qu'il lui prédit qu'il serait un jour ministre des finances de la République (1). Il l'engagea à appliquer les facultés de son esprit à l'économie politique, à étudier au fur et à mesure les questions qu'elle soulevait dans la pratique, et il lui en donna les moyens en lui ouvrant l'accès de journaux, comme le *Télégraphe* et le *Globe*. Cette illustre amitié, aussi bien que la part prépondérante qu'il avait prise au mouvement de réforme universitaire, le désignèrent au choix de Paul Bert, pour le poste de chef de cabinet, quand fut constitué le ministère Gambetta. Il mit à profit son court passage au ministère en étudiant à fond tous les rouages de l'Instruction publique; il y reprit pour son compte et successivement la besogne de chacun des chefs de services. Il s'initiait en même temps à la grande politique et se passionnait pour l'œuvre

(1) Je tiens le propos de Burdeau lui-même, le jour même où il fut prononcé.

de reconstitution et de réconciliation nationale que s'était proposée le chef magnanime qu'il s'était donné. La chute du « grand ministère » l'affligea sans l'étonner. Il remonta très simplement dans sa chaire de professeur, ne voulant rien devoir aux fonctions officielles qu'il avait traversées. Même il refusa très énergiquement, à quelque temps de là, une promotion de classe qu'il se plaignait qu'on voulût lui infliger. La mort de Gambetta le consterna comme un deuil de famille. « Plus nous irons, « m'écrivait-il, plus nous verrons les effets de « l'indigence morale et intellectuelle où la « mort de Gambetta réduit le parti républicain « officiel. Pauvres gens d'Alsace-Lorraine, quel « abîme vient de se creuser entre eux et nous! »

## IV

Aux élections générales de 1885, des amis politiques le sollicitèrent de poser sa candidature législative dans la Loire et dans le Rhône. Il se décida pour ce dernier département, qui était le sien. Il surgit un peu comme un intrus au milieu de combinaisons de listes, où les parts étaient à peu près faites d'avance. Il réussit à s'imposer au comité républicain par la netteté de ses déclarations et la vigueur de sa parole, et passa en rang utile, mais le dernier, au scrutin préparatoire. Pour l'élection définitive, se sentant peu connu, isolé et mal appuyé, il ne compta que sur lui seul. Pendant une vingtaine de jours, il parcourut seul toutes les communes de la circonscription, parlant plusieurs fois en divers lieux dans la même journée, dormant à peine quelques heures et le plus souvent dans un fauteuil, envoyant des communications et des comptes rendus aux journaux. Le succès couronna tant d'activité et de persévérance. Il fut élu au deuxième tour, neuvième sur onze députés. Dès lors, et pendant neuf ans, il ne cessa de faire partie des assemblées publiques.

Il débuta modestement, fuyant le bruit de la tribune, longtemps ignoré du public, se contentant du travail et de la notoriété restreinte des commissions. Rarement le Parlement a vu député plus laborieux. Il appliquait aux matières politiques et administratives les procédés rigoureux de la science. Esprit éminemment synthétique et de haute portée, voyant loin et de haut, il savait soumettre les faits à l'analyse la plus minutieuse. Il estimait qu'on ne connaît une question qu'après en avoir exploré et sondé toutes les parties, que dans les choses humaines le succès dépend le plus souvent de l'infiniment petit, et que faute de tenir un compte suffisant de ces éléments presque impondérables, qui sont la part attribuée gratuitement au hasard, les entreprises les plus légitimes et les plus sûres risquent d'échouer. A cette préparation et à cette recherche patiente se joignaient, au moment d'agir, la promptitude de la décision et une ténacité imperturbable dans l'exécution. Dans le conflit des volontés aux prises, il pensait que celle-là est sûre de l'emporter qui est la plus persévérante et ne s'arrête que le but atteint et l'objet de sa poursuite conquis.

Plusieurs de ses collègues, tout en rendant justice à ses remarquables facultés, firent tout d'abord des réserves, et, le connaissant mal, craignirent en lui un jacobin et un sectaire. Burdeau n'était ni l'un ni l'autre. Il avait des convictions fortes, parce qu'elles étaient chez lui fondées en raison et fécondées par la réflexion. Il mettait à les soutenir et à les défendre quelque raideur et quelque âpreté. L'habitude des hommes, le contact journalier avec un monde d'éducation et d'opinions très diverses, le souci constant d'entrer dans la pensée d'autrui, de la pénétrer, de la comprendre tout entière, pour pouvoir mieux la conquérir à la sienne, le corrigèrent peu à peu de ces défauts de forme, très naturels, au surplus, chez un jeune homme ayant ses origines et qui avait jusque-là surtout vécu dans le domaine des idées pures.

Dès ses débuts, une proposition malencontreuse, ayant pour but d'éloigner des Ecoles spéciales de l'Etat les élèves des jésuites de Cantorbéry, faillit, par son caractère antilibéral, compromettre pour longtemps son autorité sur la Chambre. Ce fut là, non, comme on l'a cru, l'erreur de son intolérance, mais celle d'un patriotisme particulièrement ombrageux. Il redoutait pour son pays, que là-bas, en terre étrangère, et par haine de la République, les pères expulsés ne formassent des âmes d'émigrés et qu'ainsi ne s'accusât encore davantage le divorce moral qui séparait en deux camps les fils de la France. En fait, la large compréhension de son esprit répugnait à l'intolérance dogmatique et l'orientation de ses études spéciales lui enseignait plutôt la conciliation des systèmes, dont chacun revendique pour soi une part de vérité. Pour lui, il n'admettait ni les courtes vues de l'ancienne bourgeoisie voltairienne, ni l'agnosticisme des positivistes; par choix comme par nature, il appartenait à la doctrine de Kant. Il n'ignorait pas les bienfaits et le progrès moral que le christianisme avait apportés au monde antique, l'âme nouvelle qui l'avait régénéré. Il mettait la charité enseignée par Jésus au-dessus de la sagesse grecque, même exprimée par Socrate et Zénon. Si par une loyauté suprême, dans ses dispositions dernières, il a voulu mettre sa mort en accord avec les principes de toute sa vie, quel chrétien a pratiqué mieux que lui les vertus essentielles du christianisme : le culte du devoir, l'abnégation poussée jusqu'à l'absolu sacrifice de sa personne, l'héroïsme du renoncement? Quel est le juste qui osera dire de ce juste : Je ne le connais pas ?

Il était, il fut toujours sincèrement et profondément démocrate. Il était né trop près du peuple, il avait vu de trop près ses souffrances, goûté trop vivement ses instincts de générosité, trop apprécié ses ressources infinies pour ne pas lier sa vie à sa cause. Il voyait en lui le réservoir inépuisable des énergies de la nation et la source unique d'où jaillit la vie incessamment renouvelée. Il lui prouva son amour et son respect filial en ne le trompant, en ne le flattant jamais. S'il déplorait sa facilité à prêter l'oreille aux promesses illusoires de politiciens sans scrupule, il était persuadé qu'un appel franc et cordial fait à ses bons et sûrs instincts a toujours chance d'être entendu. Il allait à la foule avec confiance, et c'est parmi les ouvriers lyonnais qu'il a trouvé ses appuis les plus énergiques. Pendant plusieurs années, tous les quinze jours, il partit de Paris le samedi soir pour être de retour le lundi matin et consacrait son dimanche à leur faire des conférences simples et pratiques, leur parlant le langage qu'ils pouvaient entendre, sans familiarité basse, sans déclamation, toujours digne, toujours élevé, plein de conseils fortifiants et sains. Dans les commissions de la Chambre, au ministère, son souci constant fut d'assurer et d'améliorer les conditions du travail, d'atténuer pour l'ouvrier les duretés du chômage et de l'évolution économique, de le prémunir pendant les maladies et la vieillesse contre sa propre imprévoyance. Il fut l'initiateur du projet d'assurances générales déposé par M. Constans. Lui-même, dans le projet de budget qu'il déposa en 1894, le plus hardi et le plus démocratique qu'un ministre ait conçu, il s'efforçait, par une série de réformes rigoureusement étudiées, d'introduire plus de justice sociale dans la répartition et la perception des droits de l'Etat. Dans ce travail il avait mis, pour employer l'expression du président du conseil, « toute son intelligence et tout son cœur ». Il le regardait comme son œuvre maîtresse, et se sentant déjà frappé à mort, comme son testament politique. Il lui consacra, avec une application d'esprit incroyable, des heures et des jours dont le nombre était déjà compté. Un jour qu'effrayé de ce labeur, je persuadais à sa femme d'user de son influence pour obtenir de lui qu'il songeât davantage à sa santé et aux siens, elle me répondit : « Vous ne le connaissez pas encore; la patrie, les ouvriers, il ne songe qu'à cela; pour eux il sacrifierait tout, sa femme, ses enfants et lui-même. »

L'autorité qu'il avait conquise sur la Chambre ne tarda pas à le désigner pour les hautes fonctions du pouvoir. Il n'en hâta point le moment; il déclina même les premières offres qui lui furent faites, voulant choisir son heure et ses associés. Il avait prouvé qu'il était à la hauteur de toutes les tâches et inégal à aucune. Deux fois rapporteur du budget de l'Instruction publique, trois fois rapporteur général du budget, il avait fait de toutes les parties de cette machine immense et compliquée qu'est l'organisme administratif d'un grand Etat une étude approfondie. Sur toutes les questions qui en dépendent, il pouvait passer pour un spécialiste et étonnait les spécialistes de profession. Chargé du rapport sur l'Algérie, il alla étudier sur place, et en dehors de toute mise en scène officielle, les problèmes si complexes que soulève notre établissement colonial, entre tous celui de la co-existence et de la juxtaposition de deux races si tranchées qui vivent côte à côte sans se pénétrer. Il en revint avec un rapport justement admiré, qui est devenu un livre, dans lequel, tout en rendant justice à l'œuvre accomplie et aux progrès réalisés, il met le doigt sur toutes les plaies et suggère pour toutes le remède approprié. Aussi, lors de la retraite de M. Tirman, les sénateurs et les députés de l'Algérie firent auprès du Président de la République une démarche collective pour le demander comme gouverneur général. Burdeau se crut nécessaire à d'autres tâches et déclina cette offre séduisante.

Quand l'empereur d'Allemagne, Guillaume II, provoqua, à Berlin, la réunion d'un congrès international pour étudier la question sociale, Burdeau fut un des trois délégués du gouvernement français. Bien qu'il pressentît que nulle solution pratique, nul plan d'avenir ne pût sortir de ces délibérations académiques, il accepta avec empressement l'occasion d'étudier de près les hommes et les choses de cette Allemagne qu'il avait combattue et qu'il se croyait destiné à combattre encore. Le voyage ne fut pas perdu pour lui. Il assista au coup de théâtre de la chute imprévue et jugée impossible du prince de Bismarck. Il revint très frappé de l'intelligence prompte et lucide du jeune empereur, de sa facilité à poser et résumer les questions en quelques phrases nettes, de sa pénétration, mais aussi de l'inquiète et étrange mobilité de son esprit. La conférence terminée, il prolongea de quelques semaines son séjour et revint en France par Leipzig, Dresde et Francfort, très informé des lacunes et des points faibles du récent édifice impérial, mais fortement impressionné par la vigueur, la richesse et la discipline de ce grand Etat. Plus que jamais il comprit la nécessité pour la démocratie française de maîtriser ses volontés discordantes, de faire trêve à ses perpétuels conflits et d'assurer l'ordre et la stabilité de ses institutions. Lui-même laissa de sa personne à tous ceux qu'il entretint la plus flatteuse impression. Tout Allemand est doublé d'un métaphysicien. Après les séances et les réceptions qui se prolongeaient fort tard dans la soirée, les ministres et les conseillers de cour entraînaient souvent le jeune député français dans une des brasseries voisines du palais, et là, dans leurs costumes de cour, jusqu'à près de deux heures du matin, ils l'entretenaient des hautes spéculations de la philosophie allemande, s'étonnant qu'un étranger connût aussi bien et mieux qu'eux Kant, Hégel et Schopenhauer. L'empereur, lui non plus, n'oublia pas le délégué français, et, au lendemain de sa mort, fit présenter diplomatiquement ses regrets d'une fin si prématurée.

Le hasard, qui préside trop souvent à la distribution des portefeuilles, lui fit échoir, pour la première fois, celui de la marine. Dans cette administration très spéciale et très fermée, il ne se trouva nullement dépaysé. La dignité de ses manières, sa déférence aisée pour les chefs de ce grand corps, surtout le travail utile qu'il fournit dans ces fonctions, lui valurent les plus flatteuses sympathies. On le vit avec surprise présider la commission des constructions navales, en diriger les débats, critiquer des plans de navire et donner son avis avec autant de précision et de compétence qu'aurait fait un ingénieur maritime. Surtout on lui sut un gré infini de la façon vigoureuse et hardie dont il prépara et conduisit en quelques semaines l'expédition du Dahomey. Les historiens de l'avenir apprendront avec étonnement à quel échec humiliant et certain couraient nos troupes, quelles dispositions furent substituées en quelques jours au plan primitif, l'énergie qu'il fallut au jeune ministre pour imposer ses idées et qu'il dut pousser jusqu'à l'offre de sa démission, enfin l'éclatante justification que l'événement se chargea de donner à sa décision opportune. Il quitta trop tôt le ministère, mais il le quitta de son plein gré, « très volontairement et en dépit des instances très vives et très prolongées de ses collègues », parce que dans les heures de trouble et d'effarement de cette triste campagne du Panama « il était en complet désaccord avec ses collègues sur la conduite à tenir (1) » Quelques mois après, il reparaissait dans le ministère Casimir-Périer, qu'il avait contribué à former, et il y acceptait le portefeuille des finances. Il était là dans son milieu familier et

(1) 30 janvier 1893.

heureux d'y être, parce que, là plus qu'ailleurs, il pouvait marquer son passage par d'utiles réformes. Il opéra, avec un succès sans précédent, la conversion de la rente 4 1/2 pour cent, la seule, je crois, qui, en faisant bénéficier l'Etat de la diminution du taux de l'intérêt, n'ait pas augmenté le capital de la dette publique. Il déconcerta toute tentative d'agiotage en ne faisant connaître le taux de la nouvelle émission que le jour même de la conversion. J'ai dit avec quelle ardeur et dans quel esprit il prépara le budget de 1895. Combattu par ceux qu'effrayait la hardiesse de ses réformes et aussi par ceux qu'elles ne satisfaisaient pas et qu'aucune réforme ne satisfera jamais, il ne désespérait pas d'imposer ses idées à l'Assemblée et avait confiance dans le succès final. La chute du cabinet Casimir-Périer, l'assassinat du président Carnot, frappé presque sous ses yeux et qu'il assista jusqu'à la dernière heure, l'élévation de Casimir-Périer à la présidence de la République, le portèrent lui-même à celle de la Chambre. L'état déjà presque désespéré de sa santé ne lui avait pas permis d'accepter la charge d'un nouveau cabinet. C'est dans ces fonctions que la mort le frappa ; il venait d'accomplir sa quarante-troisième année.

## V

Je ne puis passer sous silence les tristes événements qui hâtèrent certainement sa fin, s'ils ne la provoquèrent pas tout à fait. Ils appartiennent à l'histoire de notre temps malheureux, où l'outrage et la calomnie n'ont épargné aucun des grands citoyens qui ont illustré leur pays. A l'occasion du projet de loi sur le renouvellement du privilège de la Banque de France, un journal osa dire que Burdeau, nommé rapporteur, avait servi pour de l'argent des intérêts particuliers. On précisait et le nom du donateur et le chiffre de la somme qui était d'un million. Dès lors, pas un jour ne se passa que l'insulte ne fût renouvelée, sans que les paroles, les actes, les moindres écrits du député et du journaliste, perfidement commentés et travestis, ne fussent livrés aux soupçons de la basse envie et à l'indifférence sceptique et malveillante de la foule. Certes, si quelqu'un était en droit de se croire au-dessus de pareilles imputations, c'était bien Auguste Burdeau. Sa vie tout entière répondait pour lui ; il n'en était pas de plus pure, de plus simplement et constamment héroïque. La patrie avait été son culte, le devoir sa règle et sa loi, le sacrifice son habitude. Enfant, sa première pensée avait été de soulager l'indigence de sa mère; adolescent il avait payé plus que la dette d'un homme à son pays ; homme fait, à la satisfaction d'un point d'honneur hypothétique, il avait dévoué plusieurs années de sa vie et risqué sans regret d'immoler son avenir scientifique. Et depuis, pas une heure de sa vie ne s'était écoulée qui ne fût un acte fervent d'amour et de foi au relèvement et à la glorification de la France. Et c'était cet homme, l'honneur de son pays et de son parti, que de prétendus justiciers, par un acte de légèreté inouïe, qui ne saurait avoir d'excuse que l'inconscience, s'avisaient de juger et de salir. Au premier bruit de cette scandaleuse gageure, ceux qui connaissaient la dignité et la noblesse d'une telle existence, se contentèrent de s'indigner tout bas et de hausser les épaules, comptant que le bon sens public aurait bientôt fait de remettre les choses au point. Mais Burdeau ne le prit point ainsi. Il savait le danger de telles attaques, la malveillance habituelle de l'envie et le scepticisme de l'opinion publique déconcertée et affolée par des scandales récents et réels. Pour comprendre la souffrance aiguë qu'il ressentit, il fallait bien connaître Burdeau, sa probité puritaine et intransigeante, la sévérité impitoyable avec laquelle il jugeait toute défaillance de l'honneur. L'horreur d'une telle accusation de vénalité s'augmentait chez lui du sentiment profond de l'importance de la cause trahie. Il considérait la Banque de France comme une des citadelles de la France, comme un des éléments essentiels du succès final dans les luttes de l'avenir. Aussi, malgré les appréhensions de ses meilleurs amis, malgré l'exemple décourageant de plusieurs verdicts d'acquittement en matière de presse, n'hésita-t-il pas à confier à douze jurés parisiens, désignés par le sort, la défense de l'honneur de son nom. Il lui fallut descendre à justifier sa vie ; à son avocat il dut ouvrir, avec quelle pudeur, on le devine, ses livres de maison, tenus avec la rigueur et l'exactitude d'un comptable ; et celui-ci put constater, non sans une émotion profonde, en regard des dépenses du ménage, le chapitre singulièrement éloquent des recettes, et voir au prix de quel labeur gigantesque et quotidien cet homme, impudemment méconnu, avait pu assurer l'aisance aux siens et des secours à tant d'autres qui le touchaient de près.

Dès le premier moment l'accusation perdit pied; les détails si précis sur l'acte de concussion et le prétendu marché conclu se transformèrent en simples « procédés littéraires. » Au rapport sur le privilège de la Banque, on se contenta d'opposer des articles parus dix ans auparavant dans le journal *le Globe*. Dans un plaidoyer qui est une merveille de sobre éloquence et de dialectique lumineuse, M. Waldeck-Rousseau fit justice de ces prétendues variations, dont pas une ne soutenait la discussion, et ne laissa aucune échappatoire à la calomnie, aucun refuge au diffamateur. Pour la première fois il dévoila au public l'austère et touchante beauté de la vie de son client. Quand il eut fini, Burdeau lui-même se leva, et dans un des appels les plus pathétiques dont le prétoire ait retenti, vrai cri d'angoisse sorti du plus profond de son être, il remua toutes les âmes et fit l'évidence à tous les yeux.

« J'arrive ici, finissait-il, sans haine, sans ressentiment contre personne. Comment un ressentiment pourrait-il entrer dans l'âme d'un homme qui vient de traverser la rude période que vous connaissez maintenant? J'apporte le sentiment de mon honneur blessé et je demande réparation.

« J'y ai droit. Le nom que je porte, on vous l'a dit, est bien humble; il n'y en a pas de plus humble dans ce pays. Mais je l'ai reçu intact et je saurai faire ce qui dépendra de moi pour le livrer tel à mes enfants.

« Voilà pourquoi, Messieurs, je vous appelle à mon secours. Voilà pourquoi, du fond de ma conscience, je vous demande justice; je vous demande réparation contre les calomnies. » On sait le reste et avec quelle rigueur inusitée fut condamné l'accusateur.

Mais le coup était porté. Ce tempérament d'une extraordinaire résistance et qu'avaient à peine entamé les excès d'un impitoyable labeur, fut atteint dans les sources vives où il puisait sa vaillance. Au retour d'une entrevue avec son avocat, vers minuit, Burdeau fut pris, sur le pont de la Concorde, de sa première syncope. Les élections de 1893 l'achevèrent. Il passa au premier tour contre six concurrents. Mais la lutte fut atroce. Des placards immondes s'étalaient sur les murs, rééditant les calomnies confondues, et chaque jour, dans des réunions publiques, dont il ne refusa pas une, il était obligé de se disputer aux outrages de bandes stipendiées ou abusées. Peu de jours après, je le vis sur les bords du lac de Genève Je fus frappé de l'altération de ses traits ; son visage tiré, amaigri et d'une pâleur terreuse, la lassitude de son regard disaient assez les ravages de la peine intérieure. Pourtant il ne se plaignait de personne; il ne se plaignit jamais et garda pour lui seul le secret de sa souffrance. Il connaissait les hommes; il savait qu'il y a parmi eux des méchants et des fous et que l'honnête homme doit s'en garder comme il peut. Je ne lui ai connu d'amertume qu'envers un seul de ses ennemis ; mais celui-là avait été de ses disciples préférés ; il lui devait beaucoup; il paya son maître d'une ingratitude raffinée. Je quittai Burdeau plein des plus sombres pressentiments. Deux jours après, débarqué à Lucerne, il s'affaissait en entrant dans sa chambre d'hôtel et pendant quinze jours son état parut désespéré.

Il se remit pourtant et, ramené à Paris, il recouvra assez de vigueur et d'énergie morale pour se remettre au travail. « Cela va mieux, m'écrivait-il, mon fonds de santé est bien réduit, mais il n'est pas encore épuisé. » Bien qu'il n'ignorât pas la gravité de son état et qu'il ne fît pas mystère à ses amis du peu de durée qu'il assignait à sa vie, il ne balança pas à l'abréger encore, dès qu'on fit appel à son patriotisme pour la constitution du premier ministère issu de la Chambre nouvelle. Il comptait éviter les secousses de la tribune, et, se consacrant plusieurs mois à la préparation du budget, épargner assez de force pour pouvoir le défendre devant l'assemblée. L'excès de son travail, aussi bien que les allusions haineuses que des ennemis, conscients de leur œuvre, ne lui ménagèrent pas, trahirent encore son courage. Chacun de ces coups d'épingle provoquait dans cet organisme ruiné une souffrance lancinante, qu'il n'était plus capable de dominer et qui contractait douloureusement son visage. Une seconde crise, moins grave en apparence que la première, mais qui achevait d'épuiser les dernières ressources de sa santé, l'arrêta en mars. Il se maintint tant bien que mal jusqu'aux vacances, comptant sur le repos absolu pour refaire ses forces. « Nous allons, « écrivait-il, passer nos vacances dans un « coin paisible du Dauphiné, loin du chemin « de fer et de la poste, où je tâcherai de vivre « deux mois d'une vie calme. Nous verrons si « mon cœur, qui bat la breloque, reviendra à « un peu de discipline, et si, à la triste exis- « tence physique que je mène, il n'en pourrait « pas succéder une un peu moins insuppor-

« table. Je ne me séparerai d'aucun de mes « enfants ; j'ai besoin de jouir d'eux (1). » Ces vacances ne lui furent point réparatrices. Il en passa la plus grande partie au lit, et sa femme fut atteinte, au même moment, d'une courte, mais grave maladie, qui l'inquiéta très vivement. Rentré au Palais-Bourbon pour présider les débats de la dernière session parlementaire de l'année, il dirigea, avec une autorité et une fermeté que personne n'eût attendues d'un mourant, les orageuses discussions du mois de novembre. Mais ce suprême effort lui fut mortel. Des crises répétées d'étouffement faillirent l'emporter brusquement, auxquelles succédèrent quelques jours d'accalmie qui lui firent illusion sur son rétablissement. Il écrivait à deux amis de Nancy une lettre collective qui est probablement la dernière qu'il ait tracée (2) : « Puisque tu veux de mes nouvelles « confidentielles, en voici pour toi et pour G..., « que tu brûleras et dont tu enterreras le sou- « venir dans ta mémoire. L'aimable vie poli- « tique qu'on nous a faite depuis trois ans m'a « donné à la fin une belle affection du cœur et « de l'aorte. J'en ai ressenti quatre crises

(1) 13 juillet 1894.
(2) 25 novembre 1894.

« principales : après les élections de 1893, en « mars 1894, en septembre et ces jours der- « niers; je ne parle pas d'un accès violent, « mais court, après l'élection présidentielle. « Le travail de mon budget et de la conversion, « les émotions, auxquelles je ne sais pas rester « supérieur, ont fait que chaque crise a été « plus grave que la précédente. Ces jours « passés, j'ai vu la mort de près, et à travers « des souffrances qui me rendaient incapable, « quoique mari et père, de la redouter. Mais « aussi la réaction de la nature a été plus « vigoureuse ; la réforme de mes idées en « matière d'hygiène a été profonde, et mes « médecins, qui sont des bons et dévoués, ont « l'espoir de me refaire, avec les débris de ma « santé naufragée, un petit esquif sur lequel je « pourrai flotter dans des eaux calmes. C'est « avec ces souvenirs et ces précautions que je « vais remonter demain ou mardi au fauteuil. « Le hasard alors reprendra ses droits ; mais « on pense les limiter... Je rouvre aujourd'hui « les yeux à la vie, je me lève, je marche et « je voudrais vous voir, vous rencontrer à « chaque pas, mes amis. » Illusion tenace que le lendemain devait démentir ! Il profita, en effet, de cette accalmie pour présider deux fois la Chambre, le corps couvert de ventouses, raidissant son courage pour accomplir son devoir jusqu'au bout. Mais presque aussitôt il retomba. Le mal dont il souffrait se compliqua de fièvre intense et de congestion pulmonaire. Le délire ne lui laissait plus que quelques moments de lucidité. C'est pendant l'un d'eux qu'il reçut la visite du président de la République. De ses deux mains amaigries, il pressa celle du président et lui dit : « Maintenant, je ne puis plus vous être utile à rien. » Le mercredi matin, 13 décembre, à huit heures, cessa de battre ce cœur douloureux, qui n'avait jamais palpité que pour de nobles et fortes pensées. Les médecins constatèrent qu'il avait succombé à une lésion de l'aorte, consécutive à de profondes et meurtrières émotions.

Quelques services que Burdeau ait rendus dans les hautes situations qu'il occupa, si rapide et si brillante qu'ait été cette courte carrière, tous ceux qui le connaissaient eurent, à l'heure de sa mort, le sentiment qu'il n'avait pas rempli tout son mérite et que le pays avait de plus rares et de plus éclatants services à attendre de lui. Ce qui pour d'autres eût paru le couronnement d'une longue vie politique ne semblait pour lui qu'une halte et un point de départ. Il est mort avant d'avoir mis la main à une œuvre qui fût entièrement sienne. En pleine possession de la vigoureuse maturité de son intelligence, connaissant à fond toutes les parties du gouvernement, sachant concilier dans son esprit avec la claire vision des réformes possibles l'autorité qui peut seule les faire aboutir, l'âme enfin grandie et élevée par la souffrance intérieure, il semblait, aux plus sûrs appréciateurs de son mérite, l'homme né pour orienter la république vers des destinées plus tranquilles et plus stables. Avec lui s'éteint une noble et grande espérance. Et plus d'un, dans les moments de crise que le pays est appelé à traverser encore, aux heures de danger et d'incertitude, se prendra à regretter la fermeté d'âme, la pénétration d'intelligence et la promptitude de décision du jeune président, qui aima d'un amour infini ce peuple dont il était un des fils les plus modestes et les plus glorieux.

*8 janvier 1895.*

A. GASQUET

# UNE ÉVASION

par A. Burdeau

# UNE ÉVASION

On a vu plus haut qu'Auguste Burdeau avait écrit lui-même le récit de son évasion du camp de Lechfeld.

Nous donnons ci-après quelques pages de cet émouvant épisode.

Ces causeries, ces souvenirs nous conduisent au soir. Le soleil, une fois couché — de l'autre côté du lac, qui resplendit un instant, dans les Alpes, dont les glaciers, un à un, s'allument et s'éteignent — tandis qu'on s'apprête à partir, Poichet, en pâlissant, baissant la tête, d'une voix presque honteuse, parle de descendre dans l'un des villages qui bordent le lac : « Le paysage est très joli... Les fritures y doivent être bonnes... » Il essaie de rire. Le pauvre homme! ses jambes tremblent sous lui; dans ses yeux flambe le feu de la fièvre.

Nous nous taisons pourtant..., mais lui qui sous ce silence sent bien la résistance, le refus, parle toujours : « Nous sommes quatre... Et puis nous avons nos bâtons... Allons, ce n'est qu'un moment de retard. » La faim lui fait une voix chevrotante.

Il faut cependant répondre : « Vous savez bien que c'est impossible, Poichet. Se mettre dans la gueule du loup! C'est une reddition nouvelle, avec ses hontes et ses misères, le voyage à travers les villes ennemies, sous les huées; l'emprisonnement dans quelque casemate où l'on pourrit; l'évasion désormais impossible, la captivité sans terme prévu... Et cela, quand nous sommes à deux pas de l'Autriche! Quelques heures de courage, c'est donc beaucoup vous demander? Cette nuit, avant le milieu de la nuit, nous sommes libres! »

Mais lui, qui n'entend que le cri de son estomac en détresse, a déjà sauté hors de la baraque : il descend la pente qui mène au lac.

Nous avons juré de ne pas nous abandonner; il est le plus affaibi ; à quatre, on peut réussir à se tirer d'un mauvais pas. Sur cette réflexion, nous le suivons. A travers les vergers, sautant les petits murs, roulant sur les cailloux ronds, nous dévalons jusqu'au village (Seehausen). Au bas de la côte, à l'endroit d'une petite ruelle qui va déboucher dans la rue principale, nous nous arrêtons tous quatre, saisis par un spectacle étrange : en face de nous, à trente pas, par une porte large ouverte comme un cadre lumineux découpé sur le fond sombre d'une vieille maison, une vaste salle basse, toute rayonnante de la lumière un peu jaune des cierges : au milieu dans le grand lit, une tête de malade, de mourant, dont la pâleur se confond avec la blancheur des draps ; tout autour, des enfants en surplis, un groupe d'hommes et de femmes agenouillés, et au-dessus d'eux, seul, debout, grandi par cette attitude prosternée des autres, un prêtre dont le chuchotement triste, dans ce profond silence que font la nuit au dehors et la mort au dedans, parvient jusqu'à nous. Nous passons, chapeau bas, et songeant pourtant que, dans ce moment de deuil, l'auberge doit être plus solitaire, plus abordable pour nous.

Il n'en est rien ; dans la salle, où l'on arrive par un couloir étroit, au fond, sous une lampe à pétrole dont le verre graisseux semble salir la lumière, quatre ou cinq gaillards causent entre eux, à demi étalés sur la table, les coudes en avant, le nez sur leurs chopes, comme s'ils dialoguaient avec leur bière. Nous entrons cependant, nous restons debout, autour de la table la plus voisine de la porte. La maîtresse est accourue au bruit ; sur la demande que je lui adresse, après avoir rassemblé tout ce que je trouve d'allemand: *meine Frau*, *Brod*, *Eier*, *Bier*, elle nous apporte de ces tout petits pains ronds, blancs et fades, qui là-bas se mangent dans le café au lait, des œufs durs, et pose devant chacun de nous un moos de bière, presque un litre. Je mets un thaler sur la table. La bière est avalée d'un trait. Je fourre dans ma poche ma part de vivres. Mais Poichet, qui s'est laissé choir sur une chaise, tout amolli déjà de cette rentrée dans la vie civilisée, avec un sourire contraint sur les lèvres s'installe, veut demander un second moos. Faure lui prend le bras : « Vous nous perdez, Poichet. » Cet instant de lutte a suffi : l'un des hommes, que j'avais déjà remarqué — il semblait causer de la campagne de France, de nous peut-être, et nous jetait des regards obliques — s'est glissé dehors. Enfin Poichet se lève sur ses jambes raidies : est-il temps encore ?

Déjà des clameurs se font entendre dans la rue. Nous nous précipitons, Nux en tête ; l'entrée du couloir est barrée. Nux et Faure, d'un furieux élan renversent tout ; sur leurs talons, tête baissée, j'arrive au milieu de la rue ; nous voilà dégagés.

Mais Poichet ? Nous nous en apercevons alors, il n'a pu suivre.

— Revenons, nous ressortirons tous par le jardin, dit Nux qui a remarqué une double sortie.

Rentrés, nous nous trouvons refoulés par nos agresseurs, qui se multiplient et déjà sont en foule. Dans le couloir, la poussée, devenue irrésistible, menace de nous écraser ; nous rentrons, presque projetés par la bousculade, dans la salle. La foule nous y suit, hurlant, brandissant des bâtons. Massés dans un coin, retranchés derrière une table, qui bientôt est enlevée, nous armant alors de tabourets, grâce aux immenses bras de Nux, à la mine de Faure, effroyable en ce moment, nous réussissons à faire, à maintenir un cercle d'espace libre entre nous et ces brutes furieuses, qui se contentent de nous insulter à distance. Seul, l'auteur principal de notre désastre, que ses camarades appellent *der Baeker* (le Boulanger) s'approche et, de sa main tendue, fait le geste de me caresser, comme à un petit enfant, mon menton sans barbe. Je lève en l'air mon tabouret, mon brave recule, et se remet à faire sa partie dans le chœur dont nous régalent ses dignes amis et où les *schwein* et les *speck* se détachent sur un fond d'épithètes, moins claires pour nos oreilles peu familiarisées avec cette musique allemande.

Cela dure une demi-heure, et nos concertants ne paraissent pas se fatiguer. L'arrivée des gendarmes nous apporte un peu de calme ; le brigadier, gros homme pansu, à figure débonnaire, ses quatre hommes sur deux rangs derrière lui, vient se poser en face de nous ; il essaie un interrogatoire; à l'aide de quelques mots : *Franzosen*, *Gefangenen* (prisonniers), *Lager* (camp) *von Lechfeld*, je le satisfais dans la mesure de nos convenances. Il demande nos noms : je ne comprends pas. A quoi bon aider à reconnaître ceux d'entre nous qui ont déjà quelques escapades à leur actif? Le brigadier alors, de sa baguette qu'il enfonce dans le canon, nous montre que son fusil est chargé. Compris.

Une dernière formalité : les menottes. Nous connaissons tous déjà l'instrument; néanmoins, à ce coup, nous jetons un regard sur Poichet. Le pauvre garçon a des larmes dans les yeux ; à travers sa barbe, je vois ses lèvres trembler d'émotion. Que nous avons tort de l'accuser ! En nous liant quatre ensemble, n'avons-nous pas prévu que nous mettions contre nous toutes les chances de défaillance physique qui peuvent atteindre quatre hommes ? Il a tenu bon jusqu'à la dernière lueur de force matérielle. Même au dernier moment, quand il nous quittait, visiblement il voulait aller seul, se sentant à bout, se livrer, isolé, à ces rudes paysans tyroliens.

Je me rapproche de lui ; nos mains se trouvent liées par la menotte ; je serre la sienne, et pour essayer de rire :

— Deux universitaires à la même chaîne, lui dis-je, voilà qui a encore son originalité.

Dix minutes après, dans la nuit noire, sous la pluie qui tombe drue, je me repens un instant de cet arrangement ; sur cette côte escarpée, dans le sentier étroit, parmi les pierres croulantes, je vois nos gendarmes embarrassés de leurs sabres, de leurs buffleteries, chanceler à chaque pas. Une seule poussée et je peux jeter à terre celui qui marche à ma droite en serre-files ; en trois bonds nous sommes hors de portée, mon compagnon de chaîne et moi. Mais Poichet peut-il tenter ce coup de force, cette course effrénée, sur une rude pente inconnue au bas de laquelle, tout près d'ici, s'étale le lac? Je l'interroge d'un mot : il a déjà pensé à la chose, consulté ses forces : « Plus d'huile dans la lampe! » il faut se résigner. Et nous arrivons la tête un peu plus basse encore à Murnau, notre ville du matin ; là, après comparution devant un commissaire de police ou un directeur de prison, qui a l'encolure d'un franc imbécile, débarrassés des menottes, nous entrons dans notre cachot : les gendarmes restés sur le seuil referment promptement la porte. A tâtons, nous trouvons quelques bottes de paille étalées à terre, et qui, peut-être, ne sentent pas très bon. Sans un mot, nous tombons là et n'ayant pas même songé à nos provisions, heureux de ces ténèbres qui nous cachent nos visages les uns aux autres, nous nous enfonçons dans un silence triste, peuplé de pensées d'instant en instant plus sombres et plus confuses, et qui se terminent en un accablement, en un sommeil troublé, avec des rêves de fuite, des espérances, puis des ressouvenirs, des rechutes dans la réalité, des réveils brusques dans le cachot obscur encore plein de l'écho des soupirs.

.....A Munich, c'est la prison publique : trois jours dans un cachot, pêle-mêle avec les voleurs, et sous les yeux, quand on veut respirer à la fenêtre grillée, la salle pleine de hurlements, où se trouvent enfermées, vautrées dans un débraillement hideux, les filles et les ivrognesses prises en flagrant délit...

Une sorte d'officier vient enfin nous faire je ne sais quel sermon en un baragouin qu'il a l'air de prendre pour du français. Je n'en saisis pas un mot, seulement ceci, par où il termine, s'adressant à mes compagnons :

— Vous, six mois

Puis se tournant de mon côté :

— Vous, treize mois.

Il s'agit de prison, j'imagine. Et si j'ai le gros lot, je le dois à mes galons..... Au reste, qu'importent ces simagrées.

Le lendemain, c'est le transfert, la sortie de prison, la sortie entre les gendarmes, jusqu'à la gare, immense baraque aux arceaux de bois peinturlurés, dorés ; elle est pour le quart d'heure transformée en une arche de Noé, où s'écrase une foule mugissante, grognante, joyeuse enfin à sa façon, et qui attend la fin de rentrée d'un corps d'armée, retour de France, le corps de Von Verder, si j'entends bien. A notre vue, plusieurs assistants, qu'exalte peut-être cette journée de triomphe, sont pris d'un accès de *Franzosen fresserei :* huées, sifflets, gestes de menace! Nux reçoit en pleine face un cigare allumé ; quelque imbécile déchire mes habits. Nos gendarmes, avec une véritable énergie, nous protègent, nous poussent dans un wagon. Il était temps : l'histoire, récemment publiée parmi nous, de ces prisonniers français qui, à Mecklembourg, furent attelés aux canons français échus en partage à cette ville, nous revenait à l'esprit, et nous nous demandions si ce n'était pas assez de hontes bues, et s'il ne valait pas mieux en finir, se jeter sur l'un de ces furieux, se faire tuer sur lui.

A Schawbmünchen, dernière station, d'où nous allons rejoindre à pied le camp, nous offrons à boire à nos excellents gendarmes qui trouvent tout naturel ce payement de leurs services. Tandis qu'ils déjeunent afin de mieux boire, nous restons étendus à terre, bien tristes, le chef de gare nous exhorte à nous rafraîchir ; il essaie de nous consoler : tous les jours, maintenant, on rapatrie des prisonniers français ; les trains ne cessent de passer.

Ce mot reste dans mon esprit et le travaille.

C'est à ce mot que j'ai dû ma délivrance si prompte. C'est lui qui m'a donné le courage, une fois rentré au camp, présenté au commandant, reconnu et déposé dans la prison provisoire, de m'en évader au bout de deux jours, par une des fenêtres aux volets de bois plein, en coupant les traverses de chêne qui la maintenaient, ce fut l'affaire de plusieurs hommes travaillant une nuit entière, mais je fus seul à en profiter. La nuit venue, il fallait fuir du camp ; ce fut en passant au ras du corps de garde principal.

Ce même mot me soutenait quand, dans la plaine, entre le camp et la gare, sans vivres, mangeant la nuit quelques grains de seigle mal mûr, rongeant à la fin des betteraves, passant le jour au fond de quelqu'un de ces vieux puits à sec qui alimentaient l'ancien camp (au temps du premier Empire, dit-on), et où les corps de pompe d'autrefois, des arbres creusés tout pourris, me servaient d'échelle, j'attendais, six ou huit heures de suite, aplati contre le talus de la voie ferrée, si quelque train ne passerait pas, chargé de Français. Vers la fin seulement de la troisième nuit, avec une joie incroyable, avec des soubresauts d'espérance et des tremblements d'inquiétude, j'entendis, par dessus le roulement des voitures sur les rails, ces cris, ces éclats de rire clairs et pleins, inimitables aux Allemands, qui, pour moi, sonnaient la délivrance. Le train s'arrêtait ; en moins de rien, malgré une sentinelle que j'étourdis de trois ou quatre mots allemands lancés en plein visage, je me blottis dans un wagon, parmi des artilleurs, accueilli, compris, caché sous les bancs, avec des soins minutieux de tous ces hommes, sans avoir eu besoin d'une seule parole.

C'est sous les bancs de ce wagon à bestiaux, côte à côte souvent avec un factionnaire qu'on relevait parfois, mais qui toujours ronflait, que je fis ce voyage, de plus de cent heures, nourri des économies de mes nouveaux camarades. C'est là qu'à Strasbourg, à Mulhouse vinrent me chercher, pour panser mes pieds blessés, ces infatigables Françaises d'Alsace, dont la bonté, après un an de sacrifices, ne s'était pas lassée. Là aussi, ce vieil ouvrier alsacien à qui, dans une défaillance passagère, j'osai parler de la difficulté qu'aurait l'Alsace à demeurer française par le cœur, choyée qu'elle serait par les Allemands (je le croyais), et qui pour toute réponse, d'indignation me tournant le dos :

« Vous avez de la chance, vous, d'être blessé. On est bien forcé de vous laisser dire. »

Ç'avait été là ma première parole de découragement; grâce à cet homme de cœur, ce fut la dernière. C'était lui, cet Alsacien, abandonné à l'étranger, ce captif à perpétuité, qui m'apprenait, à moi, le délivré du lendemain, à croire dans l'avenir du pays !

Combien de mes camarades, en traversant cette terre d'Alsace, au milieu de ce concours d'un peuple qui semblait, en nous saluant, dire adieu à la France, reçurent aussi cette fortifiante leçon ! Dès ce moment, nous avons senti, nous autres exilés, plus aisément que les témoins des hontes dernières, renaître notre foi dans l'immortalité de la patrie, et nous n'avons pas désespéré.

Bientôt ce fut la France demeurée française : ce Belfort, que nous avions cru toucher et dont les obus, un moment, s'étaient en pleines lignes prussiennes, rencontrés avec les nôtres, maintenant occupé ! Vesoul, prodigieux tohubohu de prisonniers délivrés, tous les uniformes mêlés ; des blessés laissant voir leurs moignons mal guéris encore, des turcos tout pâles, grelottant du froid de l'Allemagne qui les a gelés à jamais : ils achèvent de cracher leurs poumons, fuyant les médecins, les hôpitaux, dans leur effort désespéré pour retourner mourir en Afrique. Là trois jours d'arrêt passés à attendre ma feuille de route.

.....Dans le train, je dépasse les derniers soldats allemands ; me voilà dans la France délivrée. Pourtant, cette pauvre famille, qui occupe le reste du wagon, ce sont des Alsaciens : la vieille mère, sa fille avec quatre enfants, pas d'hommes, toutes deux veuves ; les petits orphelins. Elles vont à Saint-Etienne, on leur a dit que là il y avait de l'ouvrage. A peine peuvent-elles s'expliquer en français. A Lyon, dans la gare, je les dirige, les confie à un employé.

Puis à travers les rues — chancelant, non pas sous le poids de mon sac, ni à cause de mes pieds écorchés, mais étourdissement, stupéfaction de me retrouver au milieu de ces maisons qui n'ont pas changé, de ces figures que mon aspect étonne et qui ne comprennent pas, — me demandant si c'est donc moi qui rêve depuis un an, j'arrive à la maison.

Les portes sont ouvertes, on est à table : ma mère, ma sœur, les petits, mon frère aîné étendu dans un fauteuil, pâle encore d'une blessure à la poitrine. Tous se lèvent; ils ont l'air épouvantés.

Puis un cri de joie, de joie maternelle, de joie folle :

« C'est toi ! »

« Oui... J'ai bien faim ! »

# DISCOURS

prononcé

A LA DISTRIBUTION DES PRIX DU LYCÉE DE LYON

le 31 Juillet 1888

# DISCOURS

prononcé

A LA DISTRIBUTION DES PRIX DU LYCÉE DE LYON

le 31 Juillet 1888

---

MESDAMES,
MESSIEURS,
MES CHERS AMIS,

Ce n'est pourtant pas la première fois que je me trouve sur cette estrade, et jamais je ne m'y suis senti à ce point ému et troublé. Le dernier jour que j'en descendis, il y a dix-neuf ans, je me disais avec chagrin : « Ces fêtes sont finies pour moi ; d'autres viendront ici chercher leurs couronnes ; moi je n'y viendrai plus. » Eh bien ! m'y voilà cependant, sur cette estrade regrettée, et maintenant je suis confus de m'y voir : j'éprouve que les hommes ne savent pas ce qu'ils souhaitent, et qu'il est plus facile de monter ici pour recevoir des prix que pour en distribuer.

Si je comprends bien, en effet, le sens de cette cérémonie, il nous reste quelque chose d'important et de difficile à faire. Les maîtres de cet établissement viennent de clore en notre présence leurs travaux de l'année : par la bouche éloquente de l'un d'entre eux, ils ont résumé toutes leurs leçons dans une pure et sévère leçon de morale exprimée en un langage égal au sujet lui-même par la noblesse et par la virilité. C'est comme si le lycée, une fois l'œuvre accomplie, nous conviait à juger avec lui des résultats de ses efforts.

Maintenant, il faut qu'à notre tour, nous tous qui représentons ici les familles, la Ville, l'Etat, tous ceux devant qui l'Université est comptable des jeunes âmes confiées à ses soins, il faut que nous prenions la parole pour dire ce qu'il nous en semble, si cette vieille maison est fidèle à ses traditions de discipline, de travail et de gloire, et s'il y a ici un coin de la France qui va bien.

Vous sentez à présent, Messieurs, quelle doit être ma confusion. Dans ce lycée qui sait mieux que pas un en France s'attacher et retenir pour toujours les meilleurs de ses professeurs, je me retrouve au milieu de mes vieux et vénérés maîtres : et je me sens, devant eux, tel que j'étais autrefois. Que j'aille, moi, juger leur enseignement et ses fruits! J'aimerais bien mieux reprendre ma place sur ces bancs, exposer à la sévérité de leur jugement ma vie et mes actes, comme jadis mes devoirs et mes compositions: trop heureux si, après un examen qui, vraisemblablement, n'irait pas sans réprimandes, ils me renvoyaient en disant : « Cet élève n'a pourtant pas laissé tout à fait stériles les semences de vérité et de justice que nous avons autrefois inculquées en lui : il mérite indulgence et nous pouvons lui accorder la note passable. » Oui, mes chers maîtres, les choses seraient mieux ainsi, et chacun se trouverait plus à sa place. Ce n'est pas de ma faute si l'on n'a pas arrangé de la sorte la cérémonie : j'en ai parlé à mon ami, M. Lockroy, mais il n'a voulu en faire qu'à sa tête : c'est à lui qu'il faut vous en prendre.

Heureusement, les faits parleront à sa place : quelle louange aurait une autorité comparable à celle de quatorze cents élèves rassemblés ici et dont l'affluence continue en dépit des difficultés matérielles dont sont assiégées bien des familles; preuve manifeste de leur singulier attachement pour ce vieux lycée. Et ce qui signifie plus encore que le nombre des élèves, ce sont leurs succès aux examens, aux concours, dans les diverses épreuves où ils ont à se mesurer contre les rivaux rassemblés de toute la région, de toute la France même. Je sais le mal qu'on peut dire de l'abus des concours; j'en ai dit beaucoup pour ma part et je n'en regrette rien. Mais ils ont un mérite : c'est de forcer chaque élève à tirer de lui-même, en un jour donné, tout ce dont il est capable. Rien de plus propre à exalter l'ardeur et l'énergie d'un jeune homme : c'est par de semblables moyens que la Grèce antique, réunie aux jeux d'Olympie, mettait au jour des héros.

La fortune, il est vrai, ne vous a pas favorisés cette année à l'égal des précédentes, où elle vous avait gâtés. Mais vos succès sont tels encore que bien d'autres lycées en pourraient être fiers. Je vous en félicite, et mon cœur bat comme le cœur du vieux soldat à la nouvelle des actions d'éclat accomplies par le régiment où jadis il portait les armes. Vaincus, je vous féliciterais encore : car je sais, pour l'avoir appris par vos maîtres, que vous aviez tout fait d'avance pour mériter la victoire.

Pourtant, veillez sur votre réputation : elle devient spécialement chère à Lyon. Notre vieille cité s'apprête à ceindre une couronne nouvelle; ce Lyon commerçant, industrieux, artiste, devient un foyer de vie scientifique, à la joie étonnée des Lyonnais eux-mêmes, qui ne connaissaient pas encore toutes les ressources de leur ville et ne devinaient pas toutes ses destinées. Voyez vos Facultés : dotées, par des conseils municipaux issus des profondeurs de la démocratie, avec une largesse que ne pratiquèrent point, en leur temps, des aristocraties qui se croyaient éclairées; appuyées sur une école de médecine et de chirurgie qui a ses racines dans l'institution bien lyonnaise de nos hospices et qui a, dès longtemps, rempli l'Europe de sa renommée; forte des travaux désormais coordonnés de leurs nombreux professeurs; fières de leur laborieuse population d'étudiants qui grandit toujours, nos Facultés seraient, dès aujourd'hui, à dix ans de date de leur organisation véritable, de taille à marcher, en Allemagne même, au quatrième rang, aussitôt après les Universités séculaires de Berlin, de Leipzig et de Vienne. Le moment approche où le Parlement aura à consacrer ce fait et à reconnaître qu'il existe une Université lyonnaise. Ne croyez pas, jeunes gens, qu'alors vos travaux pèseront d'un poids insensible dans la balance : la vieille et solide gloire du lycée de Lyon sera, aux yeux des juges les plus sévères, une preuve que la grandeur de nos Facultés n'est pas éphémère. Et c'est ainsi que chacune de vos victoires peut devenir un fleuron de cette couronne universitaire que nous rêvons pour notre cité.

Pardonnez-moi, mes jeunes amis, je m'attarde à de graves pensées et je néglige ce qui devrait être le sujet principal de tous nos discours en cette fête : les vacances. Laissez-moi vous dire tout le bien que je pense d'une aussi excellente institution. Il y a, au fond de tous les vieux usages, une sagesse cachée qui seule leur a permis de subsister jusqu'à nous : c'est cette sagesse qui a décidé qu'il y aurait dans la journée des heures, dans la semaine des jours, et dans l'année, des semaines et des mois consacrés spécialement à ne point travailler, et où la grande occupation serait de prendre du bon temps. Rien, à mon avis, de plus sensé, rien de plus profondément moral. Il est très nécessaire, sans doute, qu'on vous avertisse de vos devoirs futurs et qu'on vous y plie d'avance. Mais ce n'est là qu'une moitié de la vérité en fait d'éducation; il y en a une autre, non moins utile à connaître : c'est que la gaîté est aussi un devoir, que la joie est aussi une vertu, et même, à votre âge, la plus naturelle, la plus seyante et la plus indispensable de toutes les vertus.

Un philosophe, dont vous goûterez tous un jour le charme pénétrant et mélancolique, Jouffroy, présidant une distribution de prix au lycée Charlemagne, se croyait obligé d'enseigner à ses auditeurs que la vie est une longue épreuve : « C'est notre rôle, leur disait-il, à nous à qui l'expérience a révélé la vérité sur les choses de ce monde, de vous le dire. Le sommet de la vie vous en dérobe le déclin ; de ses deux pentes, vous n'en connaissez qu'une, celle que vous montez. Elle est riante, elle est belle, elle est parfumée comme le printemps. Il ne vous est pas donné, comme à nous, de contempler l'autre avec ses aspects mélancoliques, le pâle soleil qui l'éclaire et le rivage glacé qui la termine. »

Eh bien ! non, mes amis ; jamais je ne croirai que le rôle de vos aînés soit de vous tenir un langage désolé, moins propre à vous apprendre la vie qu'à vous en décourager. Mais d'abord, est-ce donc une vérité si certaine que la vie aille s'assombrissant fatalement à chacun de nos pas, et qu'il n'y ait d'autre joie en ce monde que l'insouciance de la jeunesse ? Pour moi, je soutiendrai avec confiance, et contre Jouffroy lui-même, qu'à chaque moment de la vie correspondent des joies qui lui sont propres, et qui ne peuvent être bien savourées qu'en leur saison. Il n'est pas jusqu'aux défauts et aux faiblesses de chaque âge qui, par une bienfaisance un peu malicieuse de la nature, ne soient pour l'homme une source de satisfactions innocentes : l'inexpérience du jeune homme est la cause principale de cette fierté qui gonfle son cœur, et qui le fait se croire invincible; les glaces de l'âge inspirent au vieillard le dédain des plaisirs qu'il ne peut plus goûter, il se complaît dans sa sereine froideur comme à l'abri d'une sagesse lentement accumulée. Ainsi, dans une âme saine et équilibrée, les désirs se modifient avec les facultés, et c'est tout naturellement que chacun aime les seules choses dont il puisse jouir. De son côté, l'expérience vient en aide à la nature; elle élève et dilate le cœur de l'homme : à mesure que s'affaiblit en nous la faculté de vivre, de goûter la vie pour notre propre compte, grandit le mystérieux pouvoir de nous intéresser à la vie d'autrui, d'y participer, et de concentrer en une seule âme tout ce qu'il peut y avoir d'émotions et de joies éparses dans l'univers. Il y a quelque chose de plus doux que l'ivresse du jeune homme qui arrive à la vie et qu'emplit la joie d'être et de croître : c'est l'attendrissement du vieillard qui assiste à cette aurore nouvelle, et qui oublie de regretter son printemps en contemplant la perpétuelle renaissance du printemps de l'humanité. S'il existe un malheur irrémédiable, ce ne peut être que l'impuissance à se réjouir du plaisir des autres : seul l'égoïsme nous livre isolés, sans défense, en proie aux misères de la vie, en proie à la mort, qui en effet engloutira l'égoïste tout entier, parce qu'il n'a pas su emplir son cœur d'objets plus durables que lui-même.

Et quand la vie ne serait qu'un long et pénible devoir, est-ce bien en lui donnant à vos yeux cette figure austère, que nous vous préparerions à l'accepter bravement ? La mélancolie n'est qu'une maladie de langueur de l'âme : comment vous aiderait-elle à surmonter les aspérités du chemin? Non, même pour exécuter la consigne du devoir, il faut de l'élan ; et bien plus, ce qui fait la beauté du devoir accompli, ce n'est pas la peine qu'on y prend, c'est l'allégresse qu'on y apporte. Apprenez donc à tout faire avec élan et avec allégresse ; c'est l'esprit même de l'éducation nouvelle, telle que nous souhaitons qu'elle vous soit donnée.

Que n'a-t-on pas fait, dans ces dernières années, pour vous solliciter à une vie plus active, à des jeux plus violents, à des exercices qui fassent couler un sang plus impétueux dans vos veines ? Là, ce sont des collèges construits à la campagne, entourés de verdure, baignés de grand air ; ailleurs, des lycées immenses, édifiés à grands frais jusque dans les villes, et où ne manquent plus ni les cours spacieuses, ni les vastes préaux. Ici même, dans ce vieil édifice, une place importante a été faite aux exercices du corps : une plus importante encore leur sera faite demain. Il y a vingt ans, un ministre avait fait ce rêve, d'organiser les jeudis dans chaque lycée de belles et de libres promenades: à Paris, à Lyon, des bateaux à vapeur devaient venir prendre les élèves, les conduire au loin dans la campagne; ailleurs, des voitures les auraient transportés jusque dans les prés et les bois voisins. Les proviseurs de Paris, consultés, élevèrent des montagnes d'objections : le ministre y répondit par un ordre, et sa volonté s'accomplit. Elle s'accomplit une seule fois : la semaine suivante, pareilles à la mauvaise herbe, les résistances renaissaient et finissaient par lasser sa volonté. Ce rêve, nous le reprendrons bientôt : il faudra qu'il devienne une réalité durable ; il faudra que ces portes s'ouvrent, que ces murailles s'abaissent, et que toute cette jeunesse soit enfin lâchée à travers champs, en pleine nature, où elle sera vraiment chez elle. Cette fois les proviseurs ne créeront plus de difficultés, je le sais ; plus d'un ne demande qu'à prendre part lui-même à la fête.

Pourquoi cette sollicitude nouvelle ? Est-ce pour combattre les excès de travail auxquels on prétend que vous êtes exposés ? Vous savez, mes amis, ce qu'il faut en croire : les jeunes cerveaux ne peuvent fournir qu'une quantité limitée de labeur ; à part quelques exceptions, quand on les surcharge, ils corrigent l'excès des exigences par une négligence exactement proportionnelle. Aussi n'est-ce point à ce mal imaginaire qu'il s'agit de remédier. Notre but est bien différent : nous voulons que votre énergie s'exerce et s'épanouisse, que votre jeunesse soit bouillante de santé, et que l'exubérance de vos forces déborde en joie, en allégresse, en besoin d'agir. Puissent vos vacances être employées presque en entier à cette même œuvre ? Revenez-nous plus forts et plus gais. La gaieté est la vertu essentielle de votre âge ; elle est le complément des vertus de l'âge mûr. Il n'est de véritables héros, a dit Michelet, que les héros souriants. Quelque jour, vous apprendrez l'héroïsme : en attendant, apprenez à sourire, et votre jeunesse n'aura pas été perdue.

Plusieurs d'entre vous, ceux qui bientôt vont quitter ces bancs, pensent sans doute que voilà des conseils bien frivoles, et que je les traite presque en enfants. Non, mes amis, je ne vous méconnais pas à ce point. Souffrez seulement que je complète mes conseils par un dernier mot. Si nous voulons voir en vous une provision si abondante de courage, de confiance et de gaieté, c'est qu'il en faut pour affronter la vie et ses souffrances ; non pas celles qui doivent vous atteindre vous-mêmes : contre celles-là il n'y a qu'un recours, la résignation, c'est-à-dire l'oubli de soi ; mais c'est des souffrances d'autrui que je parle : car, sachez-le, votre rôle propre, à vous qui m'écoutez, c'est précisément de découvrir ces souffrances, de les soulager, de les guérir.

Avez-vous réfléchi parfois à votre sort, à celui de vos semblables du même âge, et à la différences des deux ? Vous êtes parmi les heureux de la terre : vous avez été élevés aux frais de vos concitoyens, car ceux d'entre vous qui paient le plus ne paient pas la moitié de ce qu'ils coûtent à l'Etat ; vous avez reçu de maîtres d'élite une instruction qui n'est dépassée en aucun pays du monde ; ce savoir, que vont bientôt consacrer des diplômes, vous ouvrira, à vous seuls, l'accès de certaines carrières, où se rencontrent, plus aisément que par nulle autre route, la fortune, le pouvoir, la gloire. Bien plus, avec ce savoir vous avez reçu en mains la clé des hautes jouissances intellectuelles et des sentiment délicats et raffinés, qui resteront inabordables à d'autres, et qui seront votre citadelle. Tels sont vos privilèges. Et maintenant je vous le demande, ces privilèges, de quel droit les possédez-vous, tandis que d'autres par millions en seront à jamais privés ? Qu'avez-vous fait, je dis vous et non pas vos parents, pour être choisis entre tous par le destin ? Parmi ces déshérités qui vous entourent, oseriez-vous bien répondre qu'il n'en est pas un, un seul, qui eût été plus méritant que vous, qui eût déployé plus d'ardeur, des dons naturels plus rares, et sur la tête de qui eussent été mieux placés, pour le bien de l'humanité, les soins qu'on dépense pour vous depuis dix ans? Ah! je sais : il y a des bourses pour remédier à ces erreurs de l'aveugle Fortune ; la République en a triplé le nombre, et c'est là une de ses plus pures gloires. Mais qu'est-ce donc que quelques milliers de bourses dans un pays où chaque année une génération d'un million d'êtres vivants vient réclamer sa place au soleil? Qui pourrait affirmer qu'à ce prix, le banquet de la science est ouvert à tous ceux qui en sont dignes?

Ces injustices du sort, vous n'en êtes pas les auteurs, ô mes jeunes amis; et toutefois vous n'êtes pas innocents, puisque vous en avez profité. Ah! du moins, travaillez à les réparer. Tous ces avantages qui vous sont dévolus, aisance, noblesse d'âme, ne les regardez plus comme des biens qui vous seraient propres : vous n'en devez être que les administrateurs, pour le profit de la communauté de qui vous les tenez, et qui seule en est vraiment propriétaire.

Vous apprenez à aimer le bien : vous allez, avec vos maîtres, en puiser la pure idée aux plus hautes sources de la morale, et les plus nobles exemples de l'histoire servent à vous en préciser l'image. Mais c'est peu de connaître le bien abstrait : l'essentiel, c'est de pratiquer la bonté. Est-ce une chimère que j'ai conçue ? Il me semble qu'après une explication de Platon ou une lecture de Corneille, ce ne serait pas une suite inutile à la leçon que d'aller, à deux ou trois, sous la conduite d'un de vos maîtres, exercer des vertus dont il ne suffit pas d'admirer la peinture : de visiter des misérables, de voir de vos yeux le visage de la souffrance humaine, d'entendre ses gémissements, et de sentir au fond de vous-même s'émouvoir ce qu'il y a de plus divin dans l'homme, la compassion agissante. Ne me dites pas que cela est impraticable ! Vos camarades de l'Ecole normale supérieure, à peine vos aînés d'un an ou deux, le font sans guides et sans gardiens. Vous n'avez pas moins de bravoure qu'eux pour le bien !

Ce n'est rien encore de partager le pain du corps avec les infortunés. Ce qui importe davantage, c'est de mettre en commun avec tous la nourriture intellectuelle qui vous fut distribuée ici. Vous emportez de cette maison, non pas seulement du savoir, mais un trésor de nobles idées, toute une philosophie qui se débrouillera dans vos esprits avec le temps ; n'oubliez point que ces lumières ne vous ont pas été données pour vous seuls ; un jour vous devrez les répandre autour de vous et en éclairer tout un peuple. Ches les anciens, l'élite de la nation gardait secrète sa foi religieuse et sa science du droit : la foule en était exclue ; de là ces divisions en classes et ces haines, auxquelles finirent par succomber les sociétés antiques. Notre idéal est tout contraire : ce qui fait à nos yeux une nation, c'est quand un même esprit circule en tous ceux qui la composent, qu'une même croyance morale les anime, et que le culte d'un même idéal les inspire. A vous, jeunes gens, d'établir cette circulation d'idées à travers le corps social. On ne commande plus au peuple, aujourd'hui, on ne le dirige plus, mais on peut l'instruire et l'élever, quand on l'aime sincèrement. C'est là toute votre tâche. Soyez pour lui ce que vos maîtres ont été pour vous ; ne réclamez aucune autorité que celle qui s'attachera à la vérité de vos paroles ; souhaitez qu'il n'y ait dans le monde, comme ici même, qu'une hiérarchie : celle du savoir et du mérite. Travaillez enfin à nous faire une société qui ressemble à une parfaite maison d'éducation, et vous vous trouverez avoir fondé la véritable démocratie.

Tous ces efforts, hélas ! ne suffiront pas

encore à faire disparaître la misère, l'ignorance et le vice. Il en restera, et beaucoup. Du moins, n'en concevez ni haine ni mépris. Socrate, près de succomber sous une sentence injuste, disait : « Si le Peuple méconnaît ma doctrine et me condamne, c'est encore moi qui suis le premier coupable : je devais mieux l'instruire, je devais l'améliorer plus promptement. » Vous de même : n'accusez pas du mal ceux qui en sont malades ; reprochez plutôt aux remèdes leur lenteur, et ne vous absolvez jamais tout à fait des douleurs et des fautes de ceux qui souffrent.

C'est ainsi, jeunes gens, que vous forgerez les chaînes de cette solidarité qui doit unir tous les cœurs, qui fera circuler entre vous les mêmes émotions, qui mettra en commun les souffrances de tous, ce qui est le moyen de les rendre légères et douces, et les joies de tous, ce qui est le moyen de les centupler en chacun. Là est le secret du bonheur pour les individus, car il n'y a qu'un seul bonheur qui ne puisse nous échapper, c'est de travailler au bonheur d'autrui. Là est, en même temps, le secret de la force des peuples, car le peuple qui a le plus de chances de survivre aux chocs internationaux et aux convulsions sociales, c'est celui qui aura le premier effacé ses divisions intérieures, constitué son unité morale et fait de tous ses membres un corps uni au dedans, compact au dehors.

L'antiquité parfois nous offre des symboles de l'avenir. Souvenons-nous de ces Gaulois qui, dans les combats où l'existence de la race était en jeu, se formaient en bataillons serrés, dont les rangs étaient attachés par des liens de fer ; et à leur tête marchait toujours, en guise d'étendard, l'image de l'alouette gauloise. Ainsi unis pour vaincre ou pour mourir ensemble, ils s'avançaient conduits par le plus léger et le plus gai des oiseaux, par celui qui chante le premier au matin, qui monte le plus haut dans les airs et qui découvre avant tous les autres l'aurore des jours nouveaux.

---

# DISCOURS

prononcé

A LA DISTRIBUTION SOLENNELLE DES PRIX

DU LYCÉE LOUIS-LE-GRAND

le 4 Août 1885

# DISCOURS

prononcé

A LA DISTRIBUTION SOLENNELLE DES PRIX

DU LYCÉE LOUIS-LE-GRAND

le 4 août 1885

---

Chers Elèves,

Je croirais faire une chose déplacée, si, en présence du patriote qui préside à cette cérémonie, je vous entretenais d'un autre sujet que du patriotisme dans l'éducation universitaire. En chargeant M. Anatole de la Forge d'honorer de sa présence cette distribution de prix, le grand maître de l'Université semble avoir voulu, par un vivant exemple, nous rappeler vers quel but dernier doivent tendre et vos études et les conseils de vos maîtres. Ce but, il n'est personne ici qui l'ignore : faire que de nos maisons pas un jeune homme ne sorte sans emporter non point seulement un savoir solide, un esprit bien fait, mais un cœur prêt aux devoirs du citoyen, si sévères dans un pays qui récemment a vu la mort de près, et qui n'y a pas échappé tout entier ; préparer aux bons Français de la génération qui décline des successeurs point trop indignes, et sur qui l'on puisse se reposer de l'avenir. Oui, voilà bien la tâche à remplir ; mais cette tâche, y pensons-nous avec assez de constance ? Y travaillons-nous par les moyens les meilleurs ? La question vaut qu'on y songe un instant.

Parmi vos maîtres, il n'en est point qui la méditent ni plus volontiers, ni avec plus d'anxiété que vos professeurs de philosophie : c'est peut-être qu'il n'en est point dont l'enseignement ait été plus souvent taxé d'inefficacité, et même de quelque chose de pire, en ce qui regarde la culture du patriotisme.

Personne ne conteste aux sciences le droit d'occuper une place considérable dans nos programmes ; et cette faveur, elles ne la doivent pas à leurs applications industrielles ; tout le prestige qu'elles en tirent touche peu le véritable éducateur : il ne se préoccupe point d'enseigner aux hommes les moyens d'asservir la nature à leurs besoins, mais bien de leur apprendre à gouverner leur esprit et tout leur être ; il n'expose pas ce qu'il faut savoir dans telle profession déterminée mais ce qu'il faut savoir d'abord avant d'être apte à déterminer sa profession. Et précisément les sciences peuvent seules nous fournir une certaine partie de ce savoir commun et indispensable; seules elles nous offrent des modèles de ce qu'est la vérité; elles nous habituent à discerner l'évidence; elles nous en donnent le goût, et nous inspirent le mépris des fausses clartés. Du même coup elles nous accoutument par la pratique à la méthode, dont les préceptes peuvent bien varier d'une science à l'autre selon la nature des objets d'étude, mais qui au fond est identique partout, car elle est simplement l'allure naturelle d'un esprit bien équilibré et, si l'expression est permise, la vertu de l'intelligence. Voilà pourquoi nul ne refuse aux sciences leur part dans l'éducation; et si parfois quelques-uns ont parlé de limiter cette part, ils ont protesté bien vite qu'ils n'entendaient rien retrancher de ce qui dans l'enseignement scientifique est vraiment la science; ils ont disputé sur l'utilité des détails techniques où s'enveloppent certaines démonstrations; il leur a paru que la construction d'un thermomètre, par exemple, et la disposition des robinets d'une machine pneumatique, relèvent de l'industrie, et non de la science. Et la discussion demeure ouverte sur ce point, mais sur ce point seulement.

Les études de grammaire non plus ne se voient pas envier leur place et leur importance. D'abord la grammaire, même dans nos classes où elle doit se mettre à la portée d'esprits encore jeunes, a pris depuis longtemps déjà un aspect nouveau; elle n'est plus ce recueil de règles arbitraires, qui s'imposaient à la mémoire seule ; elle ne se contente plus d'être, dans le code de la civilité puérile et honnête, le chapitre qui traite de l'art d'écrire et de parler selon le bon usage. Elle devient à la fois moins doctorale et plus scientifique : elle rend raison de ses commandements ; elle les rattache aux origines du langage et aux lois de l'esprit humain. Bref, elle devient une science elle-même, et la plus capable peut-être de donner à l'esprit l'habitude de l'analyse, au langage la précision et la propriété des termes, qui sont dans le commerce des idées ce que la probité est dans le commerce des choses. Par là elle n'est pas sans agir sur le moral même de l'homme : la complète franchise ne peut aller sans un esprit net et un langage exact; de même qu'une conscience vraiment délicate suppose un jugement fin et délié. Mais elle fait plus encore : pour nous expliquer notre langue nationale, elle nous en raconte la formation; dans chaque détail de la structure d'un mot, et jusque dans les singularités de l'orthographe, elle nous montre des vestiges de certaines façons de parler, de prononcer, d'écrire, qui furent celles de nos aïeux. Il est tel verbe, prétendu irrégulier, où elle nous fait voir, comme entrelacés, les idiomes de cinq ou six provinces, réunis et fondus dans un mot unique, qui à son tour les conserve tous en leur distribuant des fonctions diverses : vivante image de la formation de notre nation elle-même. Et comme ainsi elle nous révèle dans chacun des mots un souvenir d'un passé vénérable, elle nous les rend sacrés; elle nous enseigne à respecter avec scrupule le sens que l'usage y a renfermé, et qui en est comme l'âme ; par elle un langage pur, fidèle aux étymologies et aux traditions, nous apparaît comme un hommage au génie national; et nous comprenons que ce puisse être un acte de piété filiale, d'accommoder nos pensées, si neuve qu'en soit la substance, aux formes où s'est plu la vigoureuse et saine pensée de nos ancêtres.

L'histoire..... mais n'y a-t-il pas une sorte

d'impertinence à la défendre contre une ingratitude dont elle n'est pas menacée ? Qui donc ne reconnaît pas en elle une grande école de patriotisme ? Où donc, sinon chez elle, apprendrait-on quel long travail, et pénible, et mystérieux, est l'enfantement d'une nation comme la nôtre ? Elle nous en déroule les péripéties sans nombre : dès les temps antiques, on dirait que l'humanité s'y prépare. Il faut d'abord qu'Athènes offre à l'univers l'exemple d'une civilisation, non pas superficielle et pour ainsi dire étrangère aux peuples qu'elle revêt, comme furent celles dont l'Orient et l'Egypte nous ont laissé des monuments majestueux et vides, mais d'une civilisation qui pénétra les âmes, et qui réussit presque à produire une cité peuplée d'hommes libres, d'artistes et de philosophes. Il faut que Rome, dans le même temps, pose les principes de l'art si difficile de gouverner des millions d'hommes, non plus par la violence mais par des lois, c'est-à-dire selon la raison et au profit de leur raison. Ce labeur préparatoire prend des siècles, et rien n'est fait encore : il faut qu'un peu de ce levain laissé dans l'humanité par la civilisation grecque et romaine, et péniblement conservé en Gaule, y travaille, y fasse lever cette lourde et incohérente pâte qu'on appelle une race barbare. Il faut que cette race, sous les coups des malheurs endurés en commun, par la fraternité des gloires et des joies communes, prenne enfin conscience d'elle-même ; il faut que d'elle sortent des poètes, des écrivains, qui lui enseignent sa langue, et par là lui révèlent son génie propre et son originalité ; — des hommes d'Etat, qui devinent ses destinées et l'y acheminent ; — des héros, quelques-uns illustres, la plupart obscurs, tous pourtant égaux en grandeur morale et en utilité, qui lui frayent la route et la pavent de leurs corps. Mais par-dessus tout, il faut des siècles, et cette union étonnante des générations successives, lesquelles semblent se transmettre un mot d'ordre que nulle oreille humaine n'ouït jamais et qui cependant retentit dans tous les cœurs. En face de ces tableaux, qu'il appartient à l'historien de nous montrer, nous comprenons ce qu'est une patrie, à quelle profondeur prodigieuse ce grand arbre, dont nous sommes les feuilles passagères, va plongeant dans le passé les racines par où il puise les idées, les mœurs, les lois, toute sa sève et toute sa vigueur. Alors seulement nous sentons ce qu'il y a de surhumain dans une création où il a fallu l'aide des deux seules choses sur quoi la volonté de l'homme n'a pas de prise, et qui sont comme la part visible du divin dans ce monde : le temps et le génie. Ah ! l'erreur de croire qu'il dépend du caprice d'une génération de refondre à son gré ce grand être ; le crime de s'imaginer qu'il suffit du hasard d'une bataille pour le diminuer ou d'une brutale addition de territoire pour le grandir : comme nous en voilà guéris à jamais et comme au même instant nous sentons se fonder en nous et l'amour de notre patrie à nous, et le respect des patries des autres hommes !

Ce même amour, ce même respect, l'étude des langues vivantes ne vient-elle pas les fortifier ? Le génie de notre nation nous est si familier, il fait si bien partie de nous, qu'à peine le connaissons-nous ; c'est par le contraste qu'il nous devient visible, si bien qu'il n'y a ni paradoxe ni manque de courtoisie à dire que plus on connaît les étrangers, plus on aime son pays ; or c'est par sa langue qu'un peuple étranger se révèle à nous le plus complètement. D'ailleurs, dans une époque où la civilisation s'élabore à la fois chez plusieurs nations, et où il faut bien que chacun profite des idées nouvelles écloses chez le voisin, le grand danger à éviter, c'est d'emprunter à tort et à travers ; toujours, dans la masse des idées d'un peuple, et peut-être même dans chacune de ses idées, il y a une partie qu'il ne faut pas essayer de transplanter : elle tient à des mœurs, à une histoire qu'on ne peut copier. Mais comment faire cette distinction, si l'on ne connaît pas le milieu où l'on prétend puiser ? Et comment le bien connaître, si on n'en possède pas la langue ? Enfin, n'hésitons pas à le dire ; ce n'est pas seulement pour se l'assimiler en partie qu'il faut connaître l'esprit des peuples étrangers ; une autre raison intervient, plus grossière et plus impérieuse : c'est qu'un peuple sage doit tenir un inventaire des forces et des dispositions de ses voisins. La France a reçu à cet égard des avertissements qui ne s'oublient pas.

On a dit des lettres anciennes qu'elles étaient une leçon ininterrompue de républicanisme. Il faut le croire, puisqu'elles ont inspiré même au bon et timide Rollin un amour de la liberté assez hardi pour aller jusqu'à l'apologie du tyrannicide. C'est au sortir d'une lecture de Thucydide que ce paisible universitaire, avec un enthousiasme étonnant, élève aux nues la tentative d'Harmodius et d'Aristogiton contre le tyran Hippias, et félicite les Athéniens d'avoir osé dressé des statues à ces héros sanglants : « La vue seule de ces statues, dit-il, exposées en spectacle aux yeux de tous les citoyens, rallumait en eux la haine et l'exécration de la tyrannie, et renouvelait de jour en jour dans leur esprit une vive reconnaissance pour ces généreux défenseurs de la liberté, qui n'avaient pas craint de lui sacrifier leur vie et de la sceller de leur sang (1). » Mais avec cette passion presque farouche pour la liberté, qui emplit une si grande part de leurs écrits, les auteurs anciens en ont une autre à nous enseigner, qui chez eux est plus profonde encore. Ils nous naturalisent dans une cité où le culte de la Patrie était une religion, que dis-je ? la religion par excellence. Là, dans la pureté des mœurs primitives, le père de famille seul comptait aux yeux de l'Etat; sur les membres de la famille, son pouvoir était absolu ; leur liberté, leur vie et leur mort étaient entre ses mains ; tous attendaient de lui, avec le pain quotidien, la tâche quotidienne. Intermédiaire de droit entre la famille et la cité, il l'était encore entre la famille et les dieux : seul dépositaire des rites traditionnels, il savait les

(1) *Histoire ancienne*, vol. II, p. 251.

prières et les offrandes qui convenaient aux divinités tutélaires, et c'était par lui que leur protection s'étendait sur chacun dans la maison. Mais ce père, ce roi de la famille, à son tour n'était qu'un fils respectueux devant les dieux familiers ; car ces dieux, c'étaient les ancêtres morts, les vénérables aïeux, invisibles mais présents dans leur demeure héréditaire. Le patrimoine dont il semblait le maître, il le tenait d'eux, il leur en devait compte ; il ne pouvait que le gérer et en distribuer les fruits selon les intérêts de la famille. Ce caractère même d'autorité, cette majesté paternelle dont il était revêtu, il les avait reçus de son père avec le dernier souffle ; dans un baiser suprême l'âme des ancêtres était passée en lui et son corps en était devenu le sanctuaire. Au sommet de cette ligne d'aïeux, qui se perdait dans la nuit des temps, il apercevait, par un acte de foi, les ancêtres communs, les héros, d'où étaient sorties toutes les familles de la phratrie et de la cité. Et par là, entre lui et les autres chefs de famille ses concitoyens, le mot de fraternité n'était pas une métaphore, mais il avait son sens naturel et plein. Enfin ces héros, ces divinités poliades, tenaient par un lien mystérieux à la terre de la patrie : ils étaient nés de son sein au commencement des âges, et s'appelaient pour cette raison autochthones ; ils y étaient rentrés par la mort, et y jouissaient du repos et des honneurs funèbres : aussi les nommait-on les θεοὶ χθόνιοι, les dieux du sol national. Les hommes que ces croyances animaient ne concevaient pas qu'on pût vivre pour soi seul : ils se sentaient comptables de leurs biens, de leur sang, de leur âme, à leurs aïeux, à la terre paternelle, à tout ce qui les entourait, à tout ce qui les avait précédés. Le sacrifice total n'était à leurs yeux qu'une restitution : et il ne faut pas s'étonner que l'héroïsme, étant alors plus naturel aux hommes, eût aussi plus de simplicité et de bonne grâce.

Telles sont les admirables leçons que d'autres maîtres, nos collègues, mettent sous vos yeux, chers élèves. Mais tandis qu'ils habituent votre intelligence à n'admettre que des vérités démontrées, à ne se plaire que dans une certitude positive ; tandis que par mille influences insensibles, par les grands exemples du passé, ils font germer en vous, presque à votre insu, un amour instinctif de la Patrie, que faisons-nous pour aider à ce grand œuvre, nous professeurs de philosophie, chargés de vous enseigner de toutes les sciences la plus incertaine et la plus détachée de la terre, la plus capable par conséquent, ce semble, de disposer les esprits au doute et au cosmopolitisme ? On nous le reprochait récemment encore, avec une énergie singulière, de faire de vous des sceptiques et des sophistes, de vous apprendre à raisonner de ce que vous ne savez pas, et de vous introduire témérairement, avant l'âge, dans des questions qui, dit-on, vous dépassent et pour deux raisons : d'abord parce qu'il faudrait. pour les bien entendre, être pénétré « de l'esprit des méthodes contradictoires des physiologistes, des naturalistes, des ethnographes, des historiens, des logiciens, des analystes, » et avoir ainsi fait le tour de toutes les sciences ; ce qui revient à dire qu'avant de prétendre au titre non pas même de philosophe, mais d'étudiant en philosophie, il faut être doué d'un savoir encyclopédique : c'est de quoi ne s'étaient avisés aucun de ces ignorants ou savants fort incomplets qu'on appelle Socrate et Epicure, Montaigne et Pascal, Locke et David Hume; nous les avions pris néanmoins jusqu'ici pour des philosophes; il faut y renoncer. Et puis l'on ajoute une autre raison, qui met ces problèmes au-dessus de votre portée : c'est qu'ils sont insolubles ! Celle-là suffisait, avouez-le. Et si on y avait cru bien sérieusement, on n'en serait point allé chercher d'autres.

S'il faut le dire, ces accusations bien connues et quasi familières ne suffiraient pas à étonner vos maîtres. Ils savent que de tout temps la philosophie a risqué d'être confondue avec le scepticisme, par tous ceux qui ne savent pas distinguer entre les deux sortes de doute : le doute paresseux ou découragé, lequel s'abat aux premières difficultés rencontrées dans la recherche du vrai, et se laisse retomber à une servitude volontaire, à une soumission artificielle envers des traditions et des croyances qu'il respecterait mieux en les laissant à d'autres ; et puis le doute actif et plein d'espérance d'une raison s'éveillant du « sommeil dogmatique, » qui, se sachant née pour le vrai, le poursuit avec une foi entière dans ses destinées, mais aussi, sachant que la vérité totale est l'idéal, s'attend à l'approcher éternellement, sans se reposer jamais. Vos maîtres savent encore qu'à toute époque, la philosophie fut accusée de stérilité, et qu'elle s'en est vengée seulement en semant parmi les hommes les idées qui les rendent plus humains.

Mais toutes ces raisons, bonnes pour répondre

à des objections déjà vieilles, ne les satisfont pas en présence de cette question qui vient aujourd'hui se poser devant nous : Quelle part l'enseignement de la philosophie prend-il à l'éducation du patriote ?

« Si quelqu'un, dit Epictète, te demande : De quel pays es-tu ? ne réponds pas : Je suis d'Athènes, ou de Corinthe. Mais réponds comme Socrate : Je suis du monde. » Hélas ! ne serait-ce pas en effet le danger de la philosophie, qu'à force de nous élever au-dessus de la passion elle affaiblit en nous tous les sentiments même les plus nobles, dès qu'ils sont irraisonnés et naïfs ? Qu'à force de nous accoutumer à juger de tout par raison, elle nous enhardit à raisonner même sur notre patrie et à la juger ? Qu'à force de nous hausser au-dessus du temps présent et de ce point du monde où nous sommes nés, elle nous en détachât et fît de nous des citoyens de l'univers ? N'est-ce pas elle qui nous enseigne, en présence de ces différends des peuples dont l'histoire est remplie, à nous défaire de tout préjugé national, pour nous poser entre les combattants en arbitres impartiaux jugeant au nom du droit absolu et incorruptible ? N'est-il pas vrai que de ces procès interminables, où les deux adversaires ont trop manifestement tort chacun à son tour, nous sortons attristés et inquiets, nous demandant si nous avons bien le droit de faire des vœux pour le triomphe de notre pays, et si le devoir ne serait pas de clore, par une paix quelle qu'elle soit, cette série de carnages, cette éternelle *vendetta* internationale? C'est cette philosophie dont le poète contemporain a dit :

L'aveugle hérédité des haines l'humilie (1).

C'est elle qui faisait s'écrier Voltaire : « Il est triste que souvent, pour être bon patriote, on soit l'ennemi du reste des hommes... Telle est la condition humaine, que souhaiter la grandeur de son pays, c'est souhaiter le malheur de son voisin (2). »

Mais là n'est pas encore le plus grand mal : à cette philosophie toute pénétrée de droit, et si j'ose dire, aveuglée par la contemplation directe d'un idéal de justice immédiate et universelle, se mêle de plus en plus une autre doctrine plus dangereuse encore au patriotisme. Les Etrusques, seuls parmi tous les peuples de l'antiquité, prédisaient eux-mêmes la décadence

(1) Sully-Prudhomme.

(2) *Dictionnaire philosophique*, article *Patrie*.

et la ruine de leur cité : de là, disaient les Romains, leur découragement durant les guerres où ils perdirent leur indépendance. Cette prédiction, hélas ! nous nous la faisons tous aujourd'hui : une philosophie qui assimile l'espèce humaine aux autres espèces vivantes, et qui même établit entre toutes un lien de parenté, nous rappelle que chaque espèce a une durée dont les bornes sont fixées : toutes sont mortelles comme les individus. La croûte de ce globe, si profond que nous y pénétrions, n'est qu'un ossuaire, où des espèces disparues ont laissé les seuls et misérables vestiges qui restent d'elles. Les races, les nations, plus éphémères encore, périront à leur tour, comme périra la vie elle-même quand notre globe, ayant épuisé sa chaleur ou sa force de translation, redeviendra stérile ou tombera dans la fournaise solaire. Notre patrie n'est donc plus, comme nous, qu'un être d'un jour, et tous ses triomphes, et tous nos dévouements, ne retarderont que d'un instant infinitésimal sa mort inévitable.

Serait-il donc vrai qu'il est des vérités funestes ? De même que l'origine et la fin de toutes choses s'enveloppent d'un mystère qu'il est impie de percer, de même qu'il ne faut soulever les voiles ni de la naissance ni de la mort, est-ce que l'amour de la Patrie, est-ce que le lien qui rattache entre elles les générations, et qui rattache les hommes à leur terre serait fait pour demeurer enveloppé de respect et d'ombre ? et serait-ce à ce prix seulement qu'on peut continuer à aimer sa Patrie, de cet amour ingénu et profond dont le petit enfant aime sa mère qui le nourrit ?

Ah ! certes, s'il fallait, pour conserver en vous le patriotisme, y mettre ce prix... mais hélas ! le triste et périlleux expédient ! Quelle force, quelle durée aurait dans des esprits cultivés comme sont les vôtres, excercés à l'analyse et à la critique, des sentiments fondés sur une ignorance voulue et artificielle ? Et comment ce patriotisme de serre chaude saurait-il, au sortir de cette maison, résister à la révélation brusque de doctrines si nouvelles pour vous, et si répandues ? Qui sait ? peut-être nous reprocheriez-vous de vous avoir abusés et de vous avoir préparés comme pour devenir les citoyens d'une cité qui n'est plus !

D'ailleurs la vérité n'a point coutume d'être si contraire au devoir. Sans doute, il est une doctrine — et sans elle nulle philosophie n'est complète — qui nous enseigne un idéal de justice universelle et de fraternité. Sans doute, à cet idéal tout doit être sacrifié, et si une nation était le seul obstacle qui l'empêchât d'être réalisé sur terre, cette nation aurait cessé de mériter l'existence. Mais cette même doctrine nous apprend aussi qu'il n'est pas de vraie fraternité, sinon entre personnes égales et qui se respectent. Dès lors le pire service, — c'est elle encore qui nous le dit, — qu'un peuple puisse rendre à la cause de la fraternité des peuples, c'est, quand il est vaincu, d'accréditer par une résignation où le monde verra toujours plus de lâcheté que de philosophie, cette erreur qu'il y a des nations faites pour accepter l'outrage et pour vivre dans l'humiliation. Vainqueurs ou vaincus, nous continuons à être obligés envers l'idéal de la justice, dont il faut préparer l'avènement : mais vaincus, c'est en n'abdiquant pas un de nos devoirs, puisque toute notre dignité en vient ; et vainqueurs, c'est en montrant dans la victoire une modération, qui prépare l'apaisement des haines et un respect du droit des peuples à disposer d'eux mêmes, qui les prépare à l'union future.

Puis, d'une voix plus sévère, elle nous rappelle, cette philosophie, que chacun de nous n'a pas mission de réaliser à lui seul l'idéal universel de justice. Le devoir de l'individu est plus précis et plus humble : les circonstances se chargent de le lui tracer. Chacun des bienfaits qu'il a acceptés de son pays depuis l'heure de sa naissance, et sans lesquels il ne serait pas, lui crée une dette ; chacune des lois à l'abri desquelles il a grandi lui impose une obligation. Or de toutes ces lois, la plus sacrée, parce qu'elle est la plus protectrice, est ce contrat de mutuelle défense entre les citoyens, hors duquel une nation ne peut subsister : « Je te défendrai et tu me défendras, tant que je vivrai et tant que tu vivras ; » contrat où il n'est permis d'admettre ni une exception ni une atténuation, sans quoi on se trouverait, au jour du péril avoir autorisé d'avance toutes les lâchetés.

Est-ce donc cette philosophie-là qu'il faut accuser d'endormir les douleurs nationales, et de rendre les cœurs moins fermes pour l'accomplissement des devoirs redoutables ? Ou bien alors, faut-il nous en prendre à cette autre doctrine, plus moderne en apparence, qui, toute préoccupée de l'enchaînement des causes et des effets, va scrutant et analysant les motifs de nos délibérations, les racines de nos habitudes, les origines de nos idées, découvrant partout l'influence obscure des exemples qui nous persuadent à notre insu, de l'éducation qui nous fit notre caractère, des ancêtres qui nous ont laissé l'héritage de leurs fautes et de leurs vertus mêlées à notre sang, du climat enfin, de la terre et de la nourriture qui nous créent notre tempérament et par là sont nos maîtres plus souvent que nous ne pensons? Mais je cherche en vain quel tort peuvent faire au patriotisme des doctrines de ce genre : assurément, prises à part, sans le supplément de lumière qu'y ajoute une autre philosophie, elles nous conduiraient à méconnaître la part de notre liberté dans nos actes, à chasser l'homme de l'homme même, et nous réduiraient à la condition d'automates dont tout le monde tiendrait les ressorts, excepté nous. Mais quelle est, parmi les vérités dont l'homme est capable, celle qui n'est pas une vérité partielle, et qui n'a pas besoin d'un complément? Quelle est celle qui, poussée à ses dernières conséquences par une logique aveugle et exclusive, ne se tournerait pas en une funeste erreur?

Ne craignons donc pas, une fois les droits de la liberté humaine assurés, de reconnaître toutes les influences qui, partant de chacun des points de notre entourage humain et du monde physique où nous vivons, comme aussi de chacun des ancêtres qui nous ont précédés, rattachent l'individu à sa nation, et la nation à sa terre. N'hésitons pas à admettre que chaque génération d'hommes, dans un même pays, est comme une résurrection des générations antérieures, une incarnation nouvelle d'une même âme qui renaît sans cesse et ne meurt jamais. Avouons hardiment que cette âme, dont une parcelle anime chacun de nous, a pour corps impérissable et pour milieu nécessaire le sol de la Patrie, sans lequel elle périrait ou se dénaturerait, et qui sans elle serait demeuré stérile, à l'état brut. Aimerons-nous moins la terre nationale, quand nous répéterons avec le poète :

Non, la patrie impose et n'offre pas ses nœuds :
Elle est la terre en nous malgré nous incarnée
Par l'immémorial et sévère hyménée
D'une race et d'un champ qui se sont faits tous deux (1) ?

La vénérerons-nous moins, cette terre, quand nous nous appliquerons l'étrange et profonde parole du vieil Héraclite : « Nous vivons la mort des dieux », c'est-à-dire selon le vocabulaire antique, des ancêtres et des forces naturelles incorporées dans le climat et dans le

(1) Sully-Prudhomme.

sol de la Patrie ! Serons-nous moins émus en songeant combien de fois déjà ce sol, dont notre race a vécu durant de si longs âges, s'est fait, pour nos ancêtres et par leur travail, sève bouillonnante, froment pur, pain nourricier ! combien de fois, transformé en sang, il a coulé dans des veines d'homme, fortifié des muscles lassés par le labeur, réconforté un cerveau languissant ! combien de fois il a été usé, ce sang, ou versé et bu par ce même sol, toujours pour nous faire une patrie, c'est-à-dire pour nous assurer un patrimoine de richesses et d'idées, de terres libres et de pensées indépendantes ! Ah ! de ce sol presque vivant, quelle parcelle dès lors ne nous serait pas adorable et sacrée ! Quelle est celle qui ne vaut pas notre vie à tous !

Et nos aïeux eux-mêmes, est-ce les aimer moins, que de leur rapporter ce qu'il peut y avoir en nous de mérite et de courage? Est-ce être moins attaché à leur culte, que de dire, encore avec le plus philosophe des poètes de ce temps :

> Les races à déchoir tardent plus qu'on ne croit :
> D'héroïques aïeux dans le sang de chaque homme
> Ont amassé longtemps des vertus dont la somme,
> Patiemment accrue, avec lenteur décroît (1).

(1) Sully-Prudhomme.

Non certes! Celui qu'inspirent de pareilles pensées y puise une force singulière, il sent vivre en lui un principe éternel et invincible :

> Il porte la patrie entière
> Dans sa pensée et dans ses yeux ;
> Toutes les âmes des aïeux
> L'accompagnent à la frontière (1).

Et c'est ainsi que renaît, d'une philosophie nouvelle, la vieille religion des ancêtres, le culte de la terre natale et des héros de la race.

Voilà du moins les enseignements par lesquels nous essayons de fonder en chacun de vous une âme française. L'aurons-nous vraiment fondée? Hélas! c'est à nous que cette question se pose, et c'est de vous seuls que dépend la réponse. O mes amis, si nous n'avons pas dépensé en vain nos peines, si notre anxiété doit être calmée, faites que nous puissions dire : « Il n'est sorti de nos mains que des patriotes. » Ce que vous allez être décidera de ce que vaut notre labeur. O génération nouvelle qui nous quittez et qui pour votre part allez recevoir le dépôt des destinées de la

(1) Sully-Prudhomme.

patrie, nous vous suivrons dans votre carrière avec une profonde angoisse de conscience, avec ce doute qui serait trop cruel si nous vous connaissions moins : avons-nous réussi dans la tâche où il nous était à tout prix commandé de réussir ? — Ce doute, le résoudrez-vous ? Cette angoisse, l'apaiserez-vous ?

---

# DISCOURS

## PRONONCÉS AUX FUNÉRAILLES

## D'AUGUSTE BURDEAU

## DISCOURS DE M. DE MAHY

Vice-président de la Chambre des députés

---

Monsieur le président de la République,

Messieurs,

Dans ce deuil des représentants de la nation, au milieu de cet imposant appareil, devant l'assemblée des pouvoirs publics, des corps constitués et du peuple, bien faible est la voix de celui à qui incombe le douloureux honneur d'adresser, au nom de la Chambre des députés, un suprême adieu à notre président Burdeau ; la tâche est impossible de retracer, en brèves paroles, cette existence si courte, mais d'un si grand exemple et si prodigieusement remplie.

Auguste-Laurent Burdeau est né à Lyon, dans une humble demeure, le 10 septembre 1851. Il est mort à Paris, au Palais-Bourbon, président de la Chambre des députés, le 12 octobre, à peine âgé de 43 ans. Sa vie a été toute de labeur et de dévouement. Il n'était pas encore sorti de la première enfance que déjà il lui fallait entrer à l'atelier comme petit ouvrier. D'apparence très grêle, mais zélé consciencieux, attentif, ne boudant jamais à la besogne et d'une si touchante honnêteté, il gagnait bien le petit salaire qui venait en aide à sa mère, à sa sœur, à ses frères un peu plus âgés que lui. Il n'avait pas connu son père, honorable et modeste employé, mort prématurément.

C'est de là qu'il s'est élevé pour fournir dans les lettres, la science et la politique la brillante carrière que vous connaissez, sans autre aide au début que celle d'un parent moins pauvre que lui, puis la sollicitude de sa ville natale, que lui valurent ses aimables qualités. Il y avait chez cet enfant un esprit très vif, une distinction naturelle de manières, l'amour passionné de l'étude, une grande force de caractère et, ce qui vaut mieux encore et explique tout, une tendresse infinie pour sa mère et un sentiment exquis du devoir. C'était un noble cœur et une belle intelligence. Ses anciens amis vous diront, mieux que je ne puis le faire, les détails de ces années peu éloignées, ses succès scolaires, le prix d'honneur, l'entrée triomphale à l'Ecole normale supérieure. C'est à ce moment que la vie publique le saisit. Il y débuta par l'accomplissement d'un grand devoir civique.

Comme il avait aimé sa mère, il aima sa patrie, cette autre mère à laquelle également nous devons tout. Il laissa ses études, prit un fusil, fit toute la campagne avec l'armée de l'Est, fut remarqué parmi les plus vaillants et blessé à Villersexel, dans une journée où la fortune faillit nous sourire. Fait prisonnier, il s'évada après avoir couru péril de mort.

Rentré à l'Ecole normale, il reçut des mains vénérées de Bersot, et aux applaudissements enthousiastes de ses camarades, la croix de la Légion d'honneur, que le gouvernement avait réservée pour deux normaliens dont la conduite avait été la plus belle en face de l'ennemi.

Après avoir été professeur de philosophie dans des lycées considérables de province, puis à Louis-le-Grand, Burdeau fut choisi comme chef de cabinet par Paul Bert, ministre de l'instruction publique. Ses travaux originaux, des traductions de savants et de philosophes étrangers, allemands et anglais, et de solides études publiées dans la presse politique et dans les revues l'avaient désigné pour ce poste voisin du Parlement, et où il ne tarda pas à révéler des aptitudes d'homme d'Etat.

Ses compatriotes de Lyon, aux élections générales de 1885, l'ont nommé pour la première fois représentant à la Chambre des députés, l'ont réélu en 1889 et en 1893. Burdeau n'est donc resté parmi nous que l'espace d'un peu plus de deux législatures. La somme de travail qu'il donna dans ce temps si court est à peine croyable.

En outre d'une participation active et toujours lumineuse aux débats de la tribune et aux travaux d'un grand nombre de commissions, il a été tour à tour et plusieurs fois rapporteur des budgets de l'instruction publique, de l'Algérie, des finances, rapporteur général et président de la commission du budget. Nommé ministre de la marine et des colonies en juillet 1892, il prit à cœur cette grande fonction et ne tarda pas à inspirer confiance aux hommes du métier ; les officiers de vaisseau et les troupes de la marine reconnurent en lui une main habile, une intelligente fermeté, un véritable chef. Il mena à bonne fin l'expédition du Dahomey, qui dota la France d'une nouvelle colonie; il n'hésita pas non plus à réclamer, comme l'avait fait son prédécesseur Cavaignac, des augmentations de crédits pour l'amélioration de nos forces navales. Ministre des finances en 1893, il a fait la conversion et a préparé un budget savamment établi de réformes démocratiques.

Enfin, Messieurs, vous l'avez élu vice-président le 12 juin 1894, et le 5 juillet suivant président de la Chambre des députés. Il a occupé brillamment et dignement toutes ces situations, il n'a été inférieur à aucun dans sa vie publique, il y a apporté ce qui avait caractérisé son enfance et sa jeunesse, un esprit supérieur, un dévouement sans bornes, un labeur obstiné soutenu par un grand cœur et une probité sans tache. Il a eu de grandes satisfactions, les plus hautes et les plus pures qu'un patriote puisse ambitionner, des amitiés sincères, l'affection de ses compatriotes, la confiance de ses collègues, l'estime du pays, et pourtant, à une heure mauvaise, les amertumes de la vie publique ne lui ont pas été épargnées ; la justice du pays et vos suffrages, j'entends par là ceux du Parlement et de la nation, l'en ont très noblement vengé, mais nous ne pouvons pas nous en consoler, car elles ont abrégé une existence précieuse. Il aimait la France d'un amour sans égal, l'aimait dans son passé, dans ses généreuses traditions, dans ses gloires et dans ses revers, dans son vigoureux relèvement.

Un trait, que vous ne connaissez peut-être pas et qu'il aurait plaisir à entendre divulguer, dépeint la délicatesse et la profondeur du sentiment de la patrie chez lui : parlant de Jeanne d'Arc, à Lyon, dans une conférence, il glorifiait, j'emploie ses propres expressions que m'a rapportées un témoin fidèle, il glorifiait cette merveille de patriotisme que la France a le privilège d'avoir donnée à l'humanité, et sa devise, à lui aussi la règle de sa vie, a été, du jour où sa petite main d'enfant porta à sa mère ses premiers sous gagnés à l'atelier jusqu'au moment où la mort glaça cette main qui a écrit des chefs-d'œuvre, sa devise a été : Vive le labeur. Il n'en est pas de plus noble et de plus salutaire, mon cher Burdeau. Un jour, à cette tribune de la Chambre des députés que vous avez illustrée, vous avez prononcé une fière parole : « Je veux reparaître sans crainte et le front haut devant le pays et lui dire : Je comparais tel, juge-moi, prononce ton arrêt. » Cet arrêt, ce jugement, la foule recueillie autour de votre tombe vous le dit au delà de la vie et le dit à vos enfants, à votre veuve. C'est le jugement que vous avez prononcé vous-même dans ce jour solennel, que le jury a ratifié et que la conscience publique a confirmé ; vous laissez un nom aimé, respecté et dont votre famille, aussi bien que la République, peut être fière. Le deuil de votre famille est partagé par nous, vos collègues et vos amis, et par la France.

---

## DISCOURS DE M. DEMOLE

Vice-président du Sénat

---

Messieurs,

En l'absence du président du Sénat, retenu par l'état de sa santé, je viens, au nom du Sénat, adresser un suprême adieu au président de la Chambre des députés.

Sans avoir la prétention de retracer devant vous l'histoire de cette existence si noblement remplie, je voudrais vous dire en quelques mots pourquoi la mort prématurée de celui que nous allons accompagner à sa dernière demeure éveille dans nos cœurs tant de douleurs et de regrets.

Messieurs, la vie de M. Burdeau peut se résumer en un seul mot : devant la famille, devant la patrie, à toutes les époques, dans toutes les circonstances, il a su faire son devoir. Oui, cet enfant du peuple, ce soldat de la démocratie a eu, sans jamais défaillir, la vue claire et précise des obligations qu'un homme assume en naissant et qui le suivent jusqu'à la mort.

Il était né en 1851, quelques mois avant le coup d'Etat de Bonaparte. Dans cette sombre année, où nous assistions au triomphe du parjure, à la victoire de la force sur le droit, quand arriva le désastre de l'invasion étrangère, quand 1870, amené par le 2 décembre aussi sûrement que 1814 par le 18 brumaire, vint ruiner et démembrer la France, il n'était encore qu'un enfant de dix-neuf ans. Cependant, cet enfant sans ressources personnelles avait trouvé dans son énergie précoce le moyen de soutenir sa mère et ses frères.

Et cependant l'ardeur patriotique était telle dans ce jeune cœur qu'il courait au drapeau, s'exposait à tous les dangers.

Blessé, emmené en captivité, il rentrait en France pour y recevoir la distinction tant enviée, la croix de la Légion d'honneur.

Messieurs, à partir de ce moment, on peut dire sans exagération que pour ceux qui l'approchent, l'homme d'Etat se révèle. Lauréat de cette grande école normale qui donna au pays tant d'illustres serviteurs, puis professeur de philosophie à Saint-Etienne, Nancy et Paris, par ses exemples, par ses principes, il accompagne son enseignement d'une propagande chaude et active pour les idées qui sont en quelque sorte le patrimoine de la République.

Député en 1885, 1889, 1893, il marque sa place parmi ceux qui s'inspirant exclusivement de 1789, répudiant toute idée de violence, ayant horreur de ce qu'on appelle cyniquement la lutte des classes, veulent le progrès national et pacifique par la libre adhésion de la nation tout entière.

Deux fois appelé dans les conseils du gouvernement, il s'y montre travailleur infatigable, fidèle à ses amitiés, mais à l'écart de toute coterie. Dédaigneux du pouvoir, il l'exerce pour le bien de tous.

Messieurs, j'ai fini. Burdeau a été un grand cœur, un bon citoyen, un républicain aux vues larges et élevées. Il laisse parmi nous un vide cruel ; sa perte n'est pas de celles qu'on peut facilement réparer. Je salue sa mémoire avec la plus vive sympathie, avec le plus profond regret.

---

## DISCOURS DE M. CHARLES DUPUY

Président du Conseil

---

Messieurs,

J'apporte à Auguste Burdeau l'hommage du gouvernement de la République. Cet hommage ne s'adresse pas seulement à l'homme dont les qualités brillantes et fortes ont imposé aux adversaires eux-mêmes l'estime et le respect, il ne s'adresse pas seulement au président de la Chambre, dont l'autorité vient de recevoir, par l'organe du premier vice-président, le témoignage aussi éloquent que justifié, il s'adresse encore et surtout au ministre qui siégea par deux fois dans les conseils du gouvernement et mit au service du pays, avec le dévouement d'un citoyen conscient de tous ses devoirs, les facultés puissantes qu'aucune tâche, pour compliquée et lourde qu'elle fût, ne devait trouver inégales. Pourquoi faut-il que la force de l'esprit et la vigueur morale n'aient pu triompher d'un mal cruel et que cette tombe prématurément ouverte engloutisse à jamais avec la dépouille mortelle de Burdeau l'espérance que la France républicaine fondait sur ce fils d'élite, porté, par ses seuls talents, des rangs les plus humbles du peuple aux plus hautes situations de l'Etat. Quand il entra, en 1892, au ministère, il était si bien préparé à toutes les fonctions, son éducation politique et administrative était à la fois si variée et si complète, qu'il aurait pu, sans étonner personne, accepter tel portefeuille qu'il aurait voulu.

Aussi quand lui échut celui de la marine, chacun eut confiance que ce ministre civil ferait honneur à la marine et à la France. Nous étions alors engagés dans une expédition lointaine où il fallait pour vaincre plus même que le légendaire courage de nos marins et de nos soldats. Le nouveau ministre se mit aussitôt à l'œuvre, et son premier acte consista à assurer au Dahomey l'unité de commandement, gage du succès. Combinée avec soin, poussée avec vigueur, terminée à l'honneur de nos armes et de notre politique, la campagne du Dahomey restera un titre de gloire pour le ministre qui sut la préparer, comme pour le soldat qui sut la conduire et l'achever. Tous ces efforts persévérants, qui n'étaient que la suite méthodique de toute une vie de labeur infatigable, auraient dû mettre Burdeau à l'abri de la calomnie et de la diffamation. Il n'eut pas la juste fortune d'y échapper et l'émotion indignée qu'elles lui causèrent eut son contrecoup sur sa santé. Son cœur se révoltait contre ces infamies dont il eût voulu éviter même la pensée à ceux qui lui étaient chers et cette légitime révolte altéra son tempérament.

L'assaut fut trop brutal pour sa sensibilité. Au lendemain des élections de 1893, il eut une première crise qui causa à son entourage les plus vives inquiétudes et qui lui fit mesurer à lui-même la gravité de son état. Aussi, lorsqu'au mois de décembre dernier, il accepta dans le cabinet Casimir-Perier le ministère des finances, il ne le fit que par dévouement à l'amitié, par sacrifice à la République. On sait avec quelle autorité l'ancien rapporteur général occupa le ministère des finances. Il y était pour ainsi dire attendu, il y était par droit de science et de compétence. Il tint pleinement les promesses de son talent et de son passé.

Il mena à bien cette grande opération et déposa un projet de budget qui attestait à la fois sa science financière et un filial attachement à la démocratie. Les surprises de la politique ne lui laissèrent pas le temps de soutenir son projet, mais ses collègues de la Chambre ne tardèrent pas à lui donner la preuve de leur estime et de leur confiance en l'appelant à présider leurs délibérations.

C'est dans ce poste que la mort est venue le prendre à quarante-trois ans, alors que, selon les règles ordinaires du sort et malgré tant de travaux accomplis et de services rendus, on aurait pu dire qu'il était au début de sa carrière politique.

Le destin a interrompu brutalement sa vie au détriment certain de son pays, mais du moins celui que nous pleurons a su remplir jusqu'à la faire déborder cette existence si parcimonieusement mesurée dans laquelle le nombre des œuvres dépasse celui des jours. C'est par là, par cette rare activité, par cette volonté persévérante et féconde qu'il est devenu d'abord un homme, puis un homme d'Etat ; c'est par là que sa vie est une leçon et un encouragement pour les jeunes générations qui arrivent à la vie publique.

Puissent-elles s'inspirer de l'exemple du président Burdeau ! Puissent, de leurs rangs, s'élever pour le bien de la patrie des hommes qui soient prêts comme lui au sacrifice d'eux-mêmes et qui, choisissant comme lui le parti de la conscience et du travail, se donnent pour but le progrès et pour idéal la justice !

---

## DISCOURS DE M. BÉRARD

Député du Rhône

---

C'est avec un sentiment d'intense douleur que je viens, mon cher Burdeau, vous adresser un suprême adieu, au nom de la représentation du Rhône, aujourd'hui en deuil d'un ami, au nom de la vaillante démocratie lyonnaise qui vous pleure à double titre, puisqu'elle perd en vous l'un de ses plus glorieux enfants et l'un de ses plus fermes et plus sages soutiens.

Oui ! Lyon est dans les larmes de voir disparaître ainsi, victime d'un aveugle et brutal destin, le fils qui était son orgueil et qui sera une de ses gloires. Ami, si brève qu'ait été votre existence, elle est néanmoins assez longue pour que le souvenir en reste impérissable dans nos esprits comme dans nos cœurs, elle est suffisamment remplie pour que nous puissions la donner comme exemple à nos petits-enfants et nul, dans notre ville, n'oubliera votre vaillance et votre grandeur d'âme. Avec le temps, sur les bords brumeux de notre grand Rhône, votre mémoire revêtira un caractère presque de légende, légende du courage, de l'honneur et du travail, et nos descendants raconteront, avec une émotion de légitime fierté, l'histoire du petit apprenti lyonnais, devenu l'héroïque soldat, l'éminent philosophe, le brillant homme d'Etat que vous fûtes.

Mais, hélas ! si belle que soit cette perspective de survivance morale, notre douleur n'est en rien diminuée et notre affection s'émeut de cet aveuglement du sort, qui frappe l'homme à la force de l'âge, pour laisser debout le vieillard, et qui veut que ce soit celui-ci qui pleure celui-là.

Adieu donc, mon cher et bien-aimé compagnon, adieu, au nom des députés du Rhône et des innombrables amis que vous avaient créés, à Lyon, votre affabilité et votre puissante intelligente. J'irai leur dire avec quel stoïcisme vous avez regardé venir la mort, avec quel calme vous avez vu s'ouvrir votre tombe. A parler de vous, à nous rappeler les conseils de votre sagesse, il nous semblera vivre encore en la compagnie de votre grande âme et une douceur nous viendra à ce retour vers le passé.

Puisse, à la chère compagne, aux jeunes enfants de ce bon citoyen, la sympathie de tous être un baume bienfaisant.

## DISCOURS DE M. GAILLETON

### Maire de Lyon

---

MESSIEURS,

La ville de Lyon, qui pleure aujourd'hui un de ses enfants les plus chers et les plus illustres, croit devoir associer son deuil à celui de la Patrie et de la République. La douleur qu'elle ressent en face de cette vie si prématurément brisée est immense, et le vide qui se produit dans la représentation est irréparable.

Le gouvernement et le Parlement par l'organe de ses représentants, ont dit quel avait été l'homme public et combien l'existence du député fut remplie d'activité féconde et réformatrice. On vous a dit la haute intelligence du ministre et l'impartialité sereine du président de l'Assemblée. Une tâche plus modeste m'est dévolue.

Au nom de sa ville natale, au nom de la démocratie lyonnaise tout entière, il m'appartient de dire combien étaient étroits les liens qui unissaient Burdeau à Lyon.

Il naquit dans la grande cité ouvrière, d'une

amille de pauvres artisans. Son père, mort au moment de sa naissance, laissait son foyer sans chef et une pauvre veuve avec la lourde charge de quatre enfants à élever. Doué d'une vive et claire intelligence et d'un cœur généreux, Burdeau comprit bien vite les grands devoirs qui lui incombaient. Aussi son passage à l'école primaire fut de courte durée, car sa précocité extraordinaire fit solliciter par ses maîtres eux-mêmes son admission au Lycée de Lyon.

Il franchit rapidement toutes les classes et vint en philosophie tenter à Paris les épreuves du grand concours. Lyon l'aida de ses encouragements et de ses deniers, et quand elle l'eut conduit au seuil de l'Ecole normale supérieure, sa ville natale n'avait plus qu'à le laisser parcourir seul la brillante carrière qui s'ouvrait devant lui. Mais voilà que la guerre éclate et le jeune normalien s'élance à la frontière, se bat vaillamment, est blessé et fait prisonnier. Il s'évade, revient rejoindre son drapeau mutilé et son effort ne cesse qu'avec la paix.

Il est de ceux qui avaient sauvé l'honneur, et à vingt ans la croix de la Légion d'honneur venait décorer la poitrine de ce vaillant enfant. Combien déjà était fier de son boursier la ville de Lyon! Burdeau n'avait menti à aucune de ses promesses, et certes, avait largement payé à sa ville natale sa dette de reconnaissance.

En 1885, la démocratie du Rhône, se rappelant

les origines de Burdeau, connaissant son caractère, ses convictions, sa parole si fine, si claire, sa pensée si active et si profonde, alla chercher à Louis-le-Grand le jeune professeur qui, à trente-quatre ans, était déjà un des maîtres les plus éminents de l'Université. Vous connaissez tous sa carrière politique et les événements auxquels il prit part. Ils datent d'hier, et le jour viendra où justice complète sera rendue à cet enfant du peuple conquérant par son travail et une volonté persévérante toutes les qualités d'un grand homme d'Etat.

Aujourd'hui, nous le pleurons, sa ville natale est en deuil, elle apporte à sa veuve éplorée et à ses enfants l'expression de sa profonde douleur. Qu'ils trouvent dans ces hommages venus de tous les points de la France, dans ces obsèques nationales que fait la République à son fidèle serviteur, une consolation, et qu'ils y puisent une légitime fierté. Lyon gardera l'impérissable souvenir de Burdeau, sa vie restera l'orgueil de la démocratie, la parure de son histoire et l'exemple de ses enfants.

---

## DISCOURS DE M. PERROT

Directeur de l'Ecole normale supérieure

---

Quand Burdeau, après une vie politique déjà si remplie dans sa brièveté, entra au ministère de la marine, ses camarades de jeunesse lui offrirent un banquet où ils invitèrent avec lui ceux de ses anciens maîtres qui enseignaient encore à l'Ecole où ailleurs. J'étais l'un d'eux, et comme directeur de l'Ecole, je fus chargé de lui dire combien nous étions heureux de sa brillante fortune et fiers de ses succès, fiers de la modération et de la droiture dont il avait fait preuve dans toute sa carrière, fiers surtout du courage viril avec lequel il avait marché droit à la calomnie pour défendre contre elle le seul héritage qu'il dût laisser à ses enfants : l'honneur de son nom.

Interprète de tous ceux qui m'entouraient, je le remerciai de cette gloire naissante dont il semblait que quelques rayons rejaillissent sur notre vieille maison et tous nous nous rappelons encore avec quelle émotion et avec quelle grâce modeste et souriante il répondit à mes paroles et à celles d'un de ses plus anciens amis, son camarade de promotion, aux vœux que nous lui présentions, à l'expression de la confiance que nous fondions sur la rare vigueur de son esprit et sur les services que son activité puissante et réglée avait déjà rendus à la République.

L'Ecole était à la fête, à la fête des joies confraternelles et des espérances crédules qui attendent trop de la vie; il est juste qu'en ce jour de deuil elle soit représentée dans le concert de regrets et d'hommages qui monte autour de ce cercueil. C'est que, si celui qu'elle pleure a jeté sur elle beaucoup d'éclat, elle croit avoir contribué à former ce talent et ce caractère ; sans doute la nature avait richement doté Burdeau, c'est ce que suffiraient à prouver cette enfance et cette jeunesse laborieuses qui, sans un arrêt et sans un échec, l'ont conduit de l'école primaire et de l'atelier, où il avait commencé son apprentissage, jusqu'au prix d'honneur de philosophie et à l'admission en 1870 dans notre section des lettres.

On sait comment, avant d'entrer dans cette école, il l'avait déjà honorée; engagé volontaire, fait prisonnier sur le champ de bataille, il portait la croix de la Légion d'honneur quand il vint s'asseoir sur nos bancs. Il n'en fut pas moins, dans sa promotion, un des élèves qui se soumirent avec le plus de bonne humeur à la discipline légère de l'Ecole et qui profitèrent le mieux de son enseignement, qui prirent le plus à cœur les recherches et les travaux qu'elle demande à ses élèves. Je le sais pour avoir été son maître pendant un an et pour avoir souvent recueilli à son sujet le témoignage d'un de mes éminents prédécesseurs, M. Bersot, qui avait pour Burdeau une affection toute particulière et vraiment paternelle.

Cet enseignement dont il ne voulait rien perdre, parce qu'il en comprenait toute la valeur, Burdeau en garda l'empreinte profonde. Ce fut là qu'il s'initia aux secrets de ces méthodes sévères sans lesquelles l'esprit, même le mieux doué, éparpille et perd son effort. Ce fut là qu'il apprit à ne pas se contenter des phrases banales et des jugements de seconde main, à remonter aux sources, à ne s'élever aux idées générales qu'après avoir recueilli soigneusement les faits et les avoir bien classés.

Ces vertus de l'intelligence, Burdeau les appliqua plus tard à l'étude des phénomènes sociaux et des questions financières, à la critique et à la préparation des budgets.

Le caractère, Burdeau l'avait prouvé par sa conduite pendant la guerre, était déjà chez lui à la hauteur de son précoce talent. Il n'a pu encore que se développer et s'affermir à l'Ecole. L'indifférence sceptique et railleuse est rare chez les jeunes hommes parmi lesquels elle se recrute : ils croient à la vérité, à la possibilité de la connaître et de la faire triompher par la persuasion ; mais s'ils se rencontrent dans cette conviction qui suffit à ennoblir l'âme et la vie, ils ne sont pas d'accord sur la nature de la vérité, sur le procédé par lequel l'esprit peut la saisir. De là des discussions sans cesse renaissantes où les opinions les plus diverses apprennent à se respecter mutuellement, parce qu'elles se sentent toutes sincères et désintéressées. Il n'est pas de milieu où l'on prenne des habitudes meilleures de dignité morale, où, vivant ainsi sous les yeux les uns des autres, on se sente plus astreint à mettre ses actes en rapport avec ses paroles.

C'est à ce sentiment que Burdeau a obéi quand il a voulu conformer sa mort aux idées qu'il avait professées pendant toute sa vie, et s'il en est parmi ses camarades qui ont d'autres croyances, ils lui sauront encore gré de ce dernier acte de franchise. En ceci encore, il a été honnête et loyal comme il l'était lorsque, parlant soit à ses électeurs, soit aux Chambres, devant lesquelles il défendait ses opinions et son parti, il s'attachait à ne jamais promettre que ce qu'il croyait pouvoir tenir. Ce qu'il a promis, il l'a toujours tenu autant que l'ont permis les résistances des choses et le peu de temps qui lui a été donné, quand il était au pouvoir, pour tenter de réaliser les réformes et les progrès dont il avait conçu la pensée.

Enfin, ce qu'il a emporté de l'Ecole, c'est ce que nous avons presque tous gardé, des amitiés fidèles que ne réussissent point à relâcher les séparations momentanées et où l'on goûte toujours le charme des entretiens à plein cœur, des conversations de jeunesse où deux âmes s'ouvrent l'une à l'autre sans réticence et sans calcul, sans la crainte des paroles répétées et des engagements irréfléchis qui seraient mal à propos rappelés.

Burdeau a trouvé souvent, il me l'a dit, une grande douceur et une consolation efficace dans la constance de ses amitiés, dans l'estime affectueuse de ses anciens maîtres et de ses camarades d'École, de tous ceux qui l'avaient suivi de près à travers les étapes de sa vie consacrée à un labeur incessant et à des ambitions généreuses.

Ces sympathies, quelque sensible qu'il y fût, n'ont pu l'empêcher de ressentir profondément la blessure de certaines attaques et celles-ci, ce n'est un secret pour personne, ont abrégé sa vie, achevé d'user sa robuste santé déjà minée par des excès de travail. Devons-nous pourtant le plaindre? N'était la douleur qu'il a dû éprouver quand il a compris bien avant l'heure dernière qu'il lui faudrait bientôt quitter les êtres chéris qui répondaient à sa tendresse, n'étaient les inquiétudes qui ont pu le tourmenter au sujet de leur avenir, nous envierions plutôt sa destinée.

Dans la courte durée de cette vie qui vient de se terminer si brusquement, il n'a jamais connu le désœuvrement ni l'ennui; professeur, il a remué et fécondé beaucoup de jeunes âmes sur lesquelles il a laissé sa marque ; candidat et député, il n'a pas prononcé une seule parole qui ne respire l'amour de la France, qui ne soit un conseil et une leçon pour cette démocratie à laquelle il était si passionnément dévoué ; porté par les exigences d'une combinaison ministérielle à un poste qu'il ne se serait jamais attendu à occuper, il a su attacher son nom au succès d'une expédition lointaine où les pouvoirs publics ne s'étaient pas engagés sans quelque appréhension. Pas une heure de sa vie n'a été perdue pour la propagande du bien par la parole et par l'exemple, et aujourd'hui que nous le conduisons à l'éternel repos, toutes les rivalités et toutes les haines désarment comme lorsque tombèrent, frappés eux aussi avant le temps, d'autres grands citoyens auxquels la République a rendu les mêmes honneurs.

---

## DISCOURS

### DE M. LE DOCTEUR FOCHIER

---

Amis,

Après les solennels hommages qu'on vient d'adresser au patriote, à l'homme d'Etat, au professeur, à l'orateur, à l'écrivain, nous voici assemblés avec ses enfants au bord de cette tombe, comme dans un de ces moments trop rares où Burdeau pouvait s'arracher à son labeur incessant, à ses multiples obligations, pour se reposer un peu dans les réunions amicales ou dans les joies du foyer domestique.

Le sentiment qui nous envahit et nous domine tous, ce n'est pas la fierté d'avoir été admis dans l'intimité d'un homme de cette taille, c'est le souvenir des forces nouvelles que nous avons toujours trouvées dans ses causeries, dans ses lettres, dans son contact, aussi bien que dans son exemple.

Nous sommes réunis ici par une véritable religion ; nous communions en lui en pensant à tous les efforts qu'il nous a inspirés, à tous les sentiments qu'il nous a suggérés, à la forte et vivace impression qui nous est restée de lui toutes les fois que nous l'avons abordé.

Cette impression tenait tout d'abord à sa bonté. Ce lutteur clairvoyant et énergique était profondément bon, bon pour les siens, bon pour ses amis, bon pour les humbles, bon pour ses ennemis. A son lit de mort, il y a dix jours à peine, il répétait à l'un de nous ce que nous lui avions plusieurs fois entendu dire : « Je vais partir sans avoir connu la haine; non, je n'ai pas connu la haine. » Des appréciations sévères, jamais une parole haineuse, c'est tout ce que les souffrances prolongées ont pu amener sur ses lèvres.

Lorsqu'il s'agissait de soulager une misère, il devenait sciemment aveugle et imprévoyant. Plus humble était le quémandeur, plus attentivement était examinée sa demande. Que de fois nous l'avons entendu se plaindre que la charité ne pût pas venir à bout de soulager la souffrance humaine! Sa raison d'homme d'Etat le défendait contre la pitié qui l'envahissait, mais ce n'était pas une des luttes les moins pénibles que lui imposait sa perspicacité.

De sa bonté pour ses amis nous pourrions tous citer des traits. Comblé d'honneurs, de soucis et de travail, il trouvait le temps de consoler longuement, tendrement ceux d'entre nous que le malheur avait frappés.

Sa bonté était la véritable source du charme qu'il exerçait autour de lui. Ce charme, d'autres ont dit ce qu'il a été et ce qu'il a produit dans la vie publique. Pour nous qui l'avons senti dans l'intimité, son souvenir restera une de nos grandes joies. C'était tantôt la gaieté simple et cordiale de la jeunesse, tantôt une délicatesse raffinée et enveloppante, et si Burdeau connaissait la puissance de ce charme, il ne le ménageait jamais avec ses amis.

Mais si nous l'aimions, si nous le pleurons, c'était surtout parce qu'il nous dominait d'une grandeur morale exceptionnelle. Sa vie privée, son abnégation, ses sacrifices nous étaient connus; sa religion du devoir nous était démontrée. Un jour, ses lettres intimes mettront en relief ce que sa modestie ne lui permettait pas de raconter. Tous nous l'avons entendu répéter de hautaines maximes dont la mise en pratique ne lui laissait ni trêve ni repos. Avec quelle conviction nous disait-il, par exemple, que le grand malheur de l'homme consistait à ne pouvoir jamais accomplir le devoir. Qu'il a désiré souvent six mois de liberté pour essayer de dire aux hommes de son temps et de son pays ce qu'ils pensent et quelles idées les mènent. Nous qui l'avions entendu, nous qui l'avions vu à l'œuvre dans l'intimité de sa vie, lorsque de perfides insinuations sont venues l'atteindre, nous pouvions tous répéter ce que disait l'un de nous : « Je douterais de moi-même avant de douter de Burdeau. »

Et il nous a fallu le voir obligé de défendre le seul patrimoine qu'il a laissé à ses enfants, il nous a fallu le voir souffrir et décliner à partir de ces attaques odieuses, malgré le réconfort que lui apportait sa bien-aimée et courageuse compagne. Puis il nous a fallu assister aux crises répétées d'une longue et douloureuse maladie.

Hélas ! je suis mieux à même qu'aucun d'entre nous de témoigner de ses souffrances et de son courage, et c'est pour cela que, malgré mon insuffisance et ma fatigue, j'ai accepté la mission de lui dire un dernier adieu au nom de sa famille et de ses amis intimes. Je sais avec quelle résignation il acceptait une solution prévue, annoncée par lui presque mathématiquement deux mois d'avance. Plus le sentiment de sa faiblesse croissante l'envahissait, plus il s'efforçait d'accomplir héroïquement sa tâche.

Et maintenant il n'est plus là pour nous donner l'exemple. Il nous laisse son souvenir et ses enfants. Nous qui savons tout son amour pour eux, nous resterons groupés autour d'eux, reconnaissants envers les enfants de tout le bonheur que nous avons éprouvé dans l'intimité du père, tâchant de reporter de leur côté une part de cette abnégation, de ces sacrifices qu'il nous disait être le plus sûr élément du bonheur humain.

La vie individuelle était si peu de chose à ses yeux qu'au milieu des angoisses les plus effroyables il parlait avec un calme pénible de sa mort prochaine ; il ne s'attendrissait qu'en pensant à ses enfants. Pensons tous à eux, pensons-y toujours. C'est pour nous la véritable façon d'entourer la mémoire de Burdeau du culte dont elle est digne.

# ÉLOGE DE BURDEAU

Par M. Aynard, député du Rhône

---

Messieurs,

La députation du Rhône vient adresser le dernier adieu à celui qui en fut la lumière et la force. La grande communauté industrielle, commerciale et laborieuse de Lyon, qui a toujours trouvé en Burdeau le défenseur infatigable de ses intérêts et de sa liberté, s'associe tout entière à nos regrets et à notre douleur.

On vous a parlé, Messieurs, on vous parlera encore de l'homme politique, on l'a apprécié à toute sa haute valeur et comme l'un des premiers de notre pays. Burdeau nous manque au moment où son expérience politique, mûrie au milieu de tant de luttes, était devenue complète. La puissance et la pénétration de son jugement, comme la probité de son esprit, l'avaient graduellement amené à s'attacher, d'une manière irrévocable, à tous les principes aussi nécessaires au gouvernement qu'au maintien de la société française, issue de la Révolution de 1789. C'est en devenant de plus en plus libéral que Burdeau croyait servir de mieux en mieux la cause de la démocratie et de la République pour laquelle il aurait donné sa vie.

Son intelligence, d'une étendue, d'une promptitude et d'une souplesse incomparables, comprenait tout, saisissait tout, s'intéressait aux plus grandes comme aux moindres choses. Certains ordres de connaissances étaient mieux possédés par lui parce qu'ils l'étaient de plus longue date ; mais un don merveilleux d'assimilation mettait tout ce qu'on peut savoir à la disposition de son esprit.

C'est ainsi que Burdeau a pu acquérir cette vue générale des choses, ce sentiment pénétrant et subtil de toutes les conditions de la vie nationale et arriver à gagner ce titre d'homme d'Etat, si rare à recueillir, si écrasant à porter. D'autres meurent usés et après avoir donné depuis longtemps leur mesure ; Burdeau, quelque brillant qu'ait été son passage dans les premières fonctions de l'Etat, disparaît sans avoir montré toute l'étendue de ses capacités.

On peut affirmer, sans, hélas ! outrer les choses, que notre compatriote est mort de travail et de la fièvre des affaires publiques. Comme s'il pressentait la brièveté de sa carrière, il avait voulu, en trop peu de temps, tout parcourir et tout connaître ; il s'était aussi débattu avec un noble courage, trop supérieur à ses forces, contre les difficultés matérielles de la vie.

Burdeau, il faut le dire, meurt aussi des tortures morales qui lui ont été infligées et qui, pour l'honneur de notre démocratie, devraient au moins être épargnées à ceux qui n'ont point à se faire pardonner des situations traditionnelles, mais qui se sont élevés du fond de notre peuple par la seule fortune de la supériorité de l'intelligence et de la volonté.

Vous souffrirez, Messieurs, que les députés du Rhône retrouvent et exaltent en Burdeau les meilleures qualités de la vieille race lyonnaise dont il était sorti ; race à la fois pensive et active, éprise d'idéal et gouvernée par le sens le plus pratique, sachant vivre en même temps dans le rêve et dans le travail acharné. Burdeau n'était-il pas l'un des personnages représentatifs de cette antique et parfois énigmatique ville de Lyon ?

L'homme d'action procédait chez lui du professeur de philosophie ; le philosophe avait apporté à l'homme de combat, de lutte, de tribune, au rapporteur des budgets et des grandes affaires, les belles armes de la réflexion, de l'analyse, de la méthode, du raisonnement d'ensemble ; mais la pensée pure ne détournait pas un instant Burdeau de la recherche pratique, opérée à l'aide d'un prodigieux labeur.

Ce que Burdeau offrait en cela de caractéristique et de surprenant, et c'est peut-être le secret de la prolongation d'une existence minée depuis longtemps, c'est que le travail était pour lui une joie ; il s'y mettait avec une sorte d'allégresse et répétait sans doute ce que nous avons entendu dire à un autre illustre Lyonnais, l'un des premiers artistes de ce temps : « Je m'amuse à travailler. »

Oui, Messieurs, le travail a fait oublier à Burdeau beaucoup d'amertumes, et par les élans continus que ce travail imprimait à son esprit, Burdeau, plus affamé d'activité que de succès, inclinait encore davantage à ne rien envier, si ce n'est pour le bien public, et à ne détester personne. Il était né pauvre, il est mort pauvre. Son enfance de petit ouvrier, écoulée dans des fatigues heureusement inconnues de la génération actuelle, ne l'avait pas aigri ; ses souvenirs de misère ne l'ont pas empêché de défendre avec une constante énergie ceux qui possèdent des biens et qui dirigent le travail, contre l'école qui voit le progrès dans leur suppression. Son bon sens lui montrait que, dans notre société mouvante, chacun change assez souvent de place sans que la tyrannie révolutionnaire doive s'en mêler; il ne pouvait croire au progrès et au bonheur par le règlement d'Etat.

Et sur ce point, Messieurs, un touchant souvenir nous revient à l'esprit... Il y a peut-être un an, dans la salle des Pas-Perdus de la Chambre, après quelque séance troublée, on discutait vivement la question de la réglementation des heures de travail dans un groupe de députés. Burdeau vient à passer ; il s'approche du groupe, s'enquiert de la question débattue, et se retire, paraissant saisi d'une émotion subite, après nous avoir jeté ces mots : « Si ma mère, qui n'était qu'une pauvre ouvrière, avait connu la journée de huit heures, je ne serais pas arrivé jusqu'ici. »

L'homme qui s'exprimait ainsi découvrait une âme profonde, qui comprenait la valeur du sacrifice. Le jeune normalien Burdeau, chétif soldat de dix-huit ans, l'avait prouvé par sa précoce vaillance devant l'ennemi; le président de la Chambre des députés retrouvait cette même vaillance devant une mort sûre et lente; le philosophe rendait ainsi éclatant que sa philosophie n'était pas celle de l'indifférence, de l'abandon, de l'inconscience ou du désespoir.

Nous ne saurions apporter un plus bel hommage à la mémoire de notre collègue qu'en relisant, au pied de son cercueil, l'admirable lettre qu'il écrivait le 7 août 1892, étant ministre, à un ami qui l'avait félicité de la traduction d'un livre de philosophie hautement spiritualiste. Cette lettre a été rendue publique; c'est pourquoi il nous est permis de la citer.

« Je crois fermement avec vous (écrivait M. Burdeau) que nous tournons le dos à la vérité en prenant pour but de nos efforts l'accroissement du seul bien-être des hommes ; nous oublions que le véritable levier du monde et la cause la plus certaine de tout bonheur, c'est le sacrifice et la joie de se sacrifier. L'individu est un monstre dans la nature, et il ne revient à l'équilibre et à la santé qu'en se subordonnant à un ensemble le plus vaste possible, et finalement à un idéal. Tout admirateur que je suis des philosophes grecs et de Socrate surtout, je pense que le Christ a prononcé la plus haute parole qui ait été entendue des oreilles humaines : que le royaume du monde et des cieux est à celui qui saura aimer et se sacrifier.

« Ces idées sont loin, en apparence, de diriger ceux qui dirigent actuellement les États et les sociétés : il faut pourtant nous y attacher, parce que la vérité, défendue avec une obstination suffisante, doit finir par triompher. »

Celui qui nous a ainsi dévoilé le sens qu'il attachait à la vie a dû, selon la grande parole d'un ancien, en « sortir plein de calme et de douceur et avec une belle espérance. »

Nous saurons, Messieurs, garder la mémoire de Burdeau. La reconnaissance publique voudra sans doute lui ériger un monument dans sa ville natale. Ce n'est point, il semble, au milieu du vieux Lyon, que ce monument doit être élevé.

Sa place naturelle est au sommet de la montagne ouvrière de la Croix-Rousse, où Burdeau enfant a peiné sur le métier.

Il montrera à la démocratie lyonnaise, si raisonnable et si vaillante, quels rangs les siens peuvent atteindre, lorsqu'ils apportent au service de la patrie, avec tant d'admirables facultés, tout leur cœur, toute leur âme, toutes leurs forces.

---

# TABLE DES MATIÈRES

# TABLE DES MATIÈRES

www.ingramcontent.com/pod-product-compliance
Ingram Content Group UK Ltd.
Pitfield, Milton Keynes, MK11 3LW, UK
UKHW021148260726
13994UKWH00001B/349